CONTENIDO

13 MITOS ACERCA DEL SEXO

e625.com

HAY MUCHOS CUENTOS PARA DESECHAR

MICHELLE ESPINOZA DE MEJÍA

13 Mitos acerca del sexo
Michelle Espinoza de Mejía

Publicado por especialidades625® © 2023
Dallas, Texas.

ISBN: 978-1-954149-30-4

Todas las citas bíblicas son de la Nueva Biblia Viva (NBV) a menos que se indique lo contrario.

Editado por: Maria Gallardo
Diseño de portada e interior: Creatorstudio.net

A mis hijos, por ellos y para ellos.

INTRODUCCIÓN

Escribí este libro porque entiendo tu curiosidad respecto al sexo. Entiendo tus dudas, entiendo tu urgencia, incluso entiendo tu confusión y la decepción que sientes algunas veces. Sé lo frustrante que es tener dos mil cuestionamientos en tu interior y que nadie te ayude a resolverlos correctamente. Pareciera que a nadie le importa… o que no saben… o que tienen miedo de hablar de estas cosas… Hay muchos tabúes, ignorancia y mitos. ¿Te has dado cuenta de que vivimos en una sociedad en la que todo el tiempo y en todos lados se habla de sexo, pero nadie realmente conoce bien el tema?

En este libro quiero hablarte de frente y sin rodeos. Lo escribí pensando en las jovencitas y los jóvenes solteros, como tú. En aquellos que anhelan algún día tener una vida sexual maravillosa con su futuro cónyuge. En los cristianos que actualmente tienen luchas respecto a su sexualidad. En las chicas y los muchachos que tienen un oscuro pasado sexual y ahora quieren ser libres. Lo escribí pensando en todos los solteros que por años el único mensaje que han escuchado desde el púlpito es "¡No lo hagas!", pero que nunca han escuchado por qué no es bueno hacerlo fuera del matrimonio, ni saben cómo cambiar el *switch* cuando se casen.

Hablar de "sexualidad" implica un amplio espectro de temas. La sexualidad es parte de nuestra identidad dada por el Señor. Es parte de quiénes somos, independientemente de si eres varón o mujer, soltero o casado, muy joven o muy mayor. Por lo tanto, no todos los aspectos de la sexualidad tienen que ver con los genitales ni con el erotismo. El hecho de que una chica prefiera conversar por horas, y un chico prefiera jugar videojuegos con sus amigos, son aspectos de la sexualidad, aunque no haya algo directamente erótico. Así que, para evitar confusiones, en este libro llamaremos "sexo" a la relación sexual entre esposos. Para los temas más generales usaremos la palabra "sexualidad".

Al avanzar por el libro notarás que hay capítulos cortos y otros más largos. Esto es porque hay temas más sencillos y otros más complejos, que necesitan más atención. Empezaremos con el mito más esencial y terminaremos con lo más difícil.

Espero que a medida que vayamos revisando juntos cada uno de estos mitos los puedas ir descartando, y que a partir de ahora la Palabra de Dios sea la que te instruya y te permita vivir una sexualidad íntegra como chica soltera o chico soltero.

¡Aquí vamos!

MITO 1:
EL SEXO ES COSA DE HOMBRES

Lo escuchas al pasar, en la escuela. Lo ves en una película. Hasta lo dicen tus tías: los chicos solo piensan en sexo, y a las chicas buenas no les interesa el tema. Muchas personas llegan incluso a decir que el sexo es algo creado por los hombres para su propio beneficio. ¿Es cierto esto? Veamos…

Lo primero que debemos comprender es que, como seres humanos, formamos parte de una cultura. No podemos vivir aislados. Donde hay gente, se crea una cultura. Lo malo es que el pecado ensució la cultura. Y, quieras o no, la cultura influye y moldea[1], y afecta desde tu manera de vestir hasta tus ideas sobre la sexualidad. (¡Por eso necesitas sabiduría para retener solo lo bueno y descartar los mitos!).

¡La idea de que el sexo es cosa de hombres ha dañado a tantas personas como ni te imaginas! Incluso ha destruido matrimonios que parecían sólidos y enamorados. De hecho, podríamos decir que este mito es el padre de todos los mitos.

Si tan solo entendiéramos que el sexo es algo tanto de hombres como de mujeres, nos evitaríamos muchas complicaciones. Y si entendiéramos que el sexo es cosa de Dios, viviríamos vidas mucho más plenas.

MICHELLE ESPINOZA DE MEJÍA

Cosa de Dios

La primera verdad que necesitas conocer para deshacerte de este mito es que *Dios creó el sexo*. Alguien dijo una vez que "Dios creó al ser humano pero que el diablo vino y le agregó genitales". ¡Obviamente, esto es mentira! Mira lo que dice la Escritura:

"De modo que Dios creó a los seres humanos a su imagen. Sí, a su imagen Dios los creó. Y Dios los creó hombre y mujer. Luego Dios los bendijo y les dijo: «Tengan muchos hijos, para que llenen toda la tierra...»".

Génesis 1:27-28a

De este texto podemos extraer que:

- Dios creó a los seres humanos. Los creó para sí mismo y para relacionarse con ellos.

- Los creó a su imagen. Parte de la naturaleza de Dios se depositó en el ser humano.

- Les dio una identidad diferenciada. Los creó con un sexo distinto a cada uno: hombre y mujer. Las palabras hebreas que se tradujeron como hombre y mujer significan "sexo notorio" y "con un hueco". ¿No te encanta lo específica que es la Biblia? Si sus genitales están por fuera y se ven, es hombre. Si tiene un hueco y los órganos reproductores están por dentro, es chica. Punto. No hay más opción (independientemente de lo que digan la cultura popular y los movimientos de moda). Biológica y anatómicamente hablando, o eres hombre o eres mujer.

- Dios creó el pacto matrimonial. Con el hecho de bendecirlos, Dios creó la primera familia, conformada por una chica y un chico. Los pactos que ofrece Dios son algo muy importante. El pacto otorga un trato especial a quien lo acepte. Y el pacto matrimonial es un parteaguas. Es un momento relevante que marca un antes y un después.

- Les dio un propósito. A partir del pacto, el Señor les mandó a tener relaciones sexuales. Dios diseñó el acto sexual para unir al matrimonio recién creado. Para Él, esta es una señal de bendición y de gozo que, por si fuera poco, ¡produce más personas!

En resumen: antes de que el pecado apareciera en la historia, Dios definió los géneros, instituyó el matrimonio, y creó el sexo. En "la era de la inocencia", el Señor estableció estas tres maravillas. ¿Lo ves? ¡El sexo es algo sagrado, creado con una intención gloriosa! Es el regalo exclusivo y valiosísimo del Señor para que los esposos lleguen a la unidad absoluta. Por lo tanto necesita ser resguardado, respetado y valorado.

¡EL SEXO ES ALGO SAGRADO, CREADO CON UNA INTENCIÓN GLORIOSA!

Si continuamos leyendo un poco más hasta completar los dos primeros capítulos de Génesis, veremos que Dios creó el sexo con tres propósitos:

1. **Placer.** En hebreo, Edén significa placer[2]. ¡El Señor les ofreció a Adán y Eva vivir en el jardín del placer! (Y por si quedaran dudas, más adelante el libro de Cantares deja bien claro que Dios planeó que fuera una actividad recreativa para ambos, tanto para el hombre como para la mujer).

2. **Procreación.** Los seres humanos se convirtieron en co-creadores con Dios.

3. **Unidad.** A través de la unión de los cuerpos, los esposos construyen intimidad y llegan a ser como una sola persona.

Ahora te voy a decir algo que tal vez haga que tu cabeza dé vueltas: El Señor creó el acto sexual como una manera de simbolizar nuestra relación espiritual con Él. ¿No lo crees? Pues mira:

"«Por eso, el hombre dejará a su padre y a su madre y se unirá a su mujer, y los dos serán como una sola persona». Sé que esto es como un misterio difícil de entender; pero ilustra la manera en que Cristo se relaciona con la iglesia".

Efesios 5:31-32

Lo que dice este texto es que la unión sexual del hombre y su mujer representa la unión espiritual de Cristo y su iglesia. Por supuesto, el mismo Pablo reconoce que es algo difícil de entender ¡y ciertamente lo es! Pero según este pasaje, cada vez que una pareja de esposos tiene sexo, está representando la comunión de Cristo y su amada Iglesia. Tal vez te suene grotesco, pero si le das la vuelta, comprenderás que así como para el Señor la unión con su Iglesia es algo hermoso y sagrado, así lo es también el acto sexual entre un hombre y su esposa.

La Biblia explica que a lo largo de su creación, Dios ha dejado símbolos que nos ayudan a entender mejor su naturaleza divina. Por ejemplo, Dios creó las hormigas para representar el trabajo, la diligencia y la sabiduría. Los árboles simbolizan al hombre y la importancia de echar raíces y dar fruto. Igualmente, el Señor creó el matrimonio y el sexo para enseñarnos acerca de su deseo de relacionarse con nosotros de manera muy estrecha. Entender la sexualidad es entender quién es Dios. ¡Todo en la creación apunta hacia Él! En la eternidad (o el cielo) ya no habrá matrimonio ni sexo porque no necesitaremos algo que simbolice la comunión con Dios, ya que estaremos ahí, directamente, en un compañerismo ilimitado con Él.

La progresión

Dios ha puesto en cada persona un deseo físico que refleja un anhelo espiritual de una relación con Él. Cuando llega la pubertad, se despierta en los chicos y chicas un deseo de amor, de relacionarse de una manera diferente, un anhelo de intimidad emocional, mental, y corporal. La Dra. Slattery dice: *"Los solteros cristianos simbolizan el anhelo aún no cumplido de la intimidad"*[3] que aparece en el Salmo 84:

> *"Casi me desmayo pues mi deseo más intenso es entrar en los atrios del Señor; con todo mi ser, alma y cuerpo, alabaré alegremente al Dios viviente. Hasta los gorriones encuentran casa cerca de tus altares; y la golondrina hace allí su nido, para empollar a sus pequeños; oh Señor Todopoderoso, mi rey y mi Dios. ¡Dichosos quienes pueden morar en tu templo y cantar tus alabanzas! (...) Un sólo día en tu templo es mejor que mil en cualquier otro sitio. Preferiría ser portero del templo de mi Dios que vivir una vida cómoda en palacios de maldad. Porque el Señor es nuestra luz y nuestra protección. Él nos da gracia y gloria. Ningún bien se les negará a quienes hagan lo que es justo. Oh Señor Todopoderoso, son felices los que en ti confían".*
>
> Salmo 84: 2-4, 10-12

De hecho, antes de llegar a la culminación de la unión matrimonial, Adán y Eva ya eran seres sexuales, con unos cuerpos que reaccionaban uno ante el otro:

> *"Con la costilla hizo a la mujer y se la llevó al hombre. <u>Al verla, el hombre exclamó:</u> «¡Esta sí es hueso de mis*

MICHELLE ESPINOZA DE MEJÍA

huesos y carne de mi carne! Se llamará 'mujer' porque fue sacada del hombre»".

Génesis 2:22-23 (Énfasis del autor)

Cuando Eva fue creada, Adán la miró, sintió atracción por ella y "exclamó". Dicho de otro modo, cuando el Señor creó a la primera chica, el primer chico de la historia la vio de pies a cabeza ¡y le gustó mucho! Estas son expresiones sexuales propias de los jóvenes solteros. Esto es lo que hacen: se miran, se gustan, hablan entre sí, ríen bobamente... ¡es normal! Así lo diseñó el Señor. Y esto es porque hay un anhelo de conectar emocional y mentalmente con otra persona. Es parte del proceso que Dios planeó. Con el tiempo, esa expresión sexual crece, ¡y por eso a la gente le da por casarse!

Si Adán no hubiera quedado completamente embobado con Eva, y si Eva no hubiera sentido atracción por Adán, la raza humana nunca hubiera poblado la tierra. De la misma manera, todo en tu cuerpo se va preparando progresivamente para sentir atracción, enamorarte y tener deseos sexuales.

El Señor creó tu cuerpo con el potencial de cumplir una misión, así como lo hicieron Adán y Eva. Desde antes de nacer, tu cerebro, tu cuerpo y tus hormonas ya tenían características particulares como hombre o como mujer[4]. Y desde que entraste a la pubertad, tu cuerpo se ha ido preparando para expresar la grandeza de Dios con toda tu sexualidad, la cual se va desarrollando paulatinamente.

La verdad

Dios es el creador de la sexualidad, los genitales, el impulso sexual y el sexo. Y los creó tanto para hombres como para mujeres. Así quiso representar la comunión espiritual.

En la medida en que tú tengas una idea distorsionada de la sexualidad, tendrás una idea distorsionada de Dios. ¿Por qué? Porque el Señor te hizo un ser sexual. Fuiste creado/a a su imagen y semejanza. La semilla de la identidad sexual está en ti. Dios la puso ahí para que, a través de ella, proclames la necesidad de Cristo y la importancia de relacionarnos con el Salvador. Dios te dio hizo hombre o mujer, y al comportarte varonilmente o femeninamente estás cumpliendo el propósito de Dios. Es maravilloso ser hombre y es maravilloso ser mujer. ¡Tú fuiste creado/a con una identidad y con un propósito eterno!

ENTENDER LA SEXUALIDAD ES ENTENDER QUIÉN ES DIOS

John Piper escribió: *"La sexualidad fue diseñada por Dios como una forma de conocer a Dios en Cristo más plenamente y, conocer a Cristo más plenamente es el camino que Dios ha diseñado para proteger y guiar nuestra sexualidad"*[5]. Cuando entiendes correctamente el diseño de la sexualidad, entonces comprendes mejor la naturaleza del Señor y dejas de vivir esclavizado con mitos que no tienen fundamento bíblico.

La autora Juli Slattery dice: *"Nuestra sexualidad es un tremendo regalo de Dios. Sin embargo, rara vez lo vemos como un regalo porque ha sido muy retorcido y contaminado en nuestras experiencias personales y en nuestra cultura"*[6]. ¡Así es! Tu sexualidad es un regalo divino que necesitas aprender a apreciar. Las expresiones sexuales propias de un soltero son un regalo de Dios que necesitas valorar. Y, por supuesto, necesitas que tu sexualidad y tu concepto de "sexo" estén definidos por el Señor y su Palabra, y no por lo que dicen la cultura, el mundo, o Satanás. A eso nos seguiremos dedicando durante el resto de este libro.

Las estadísticas indican que más de dos tercios de las jovencitas jamás han visto sus propios genitales. En muchas culturas es considerado pecaminoso. Y en algunas tribus de África, los genitales exteriores de las chicas son amputados al llegar a la pubertad. Las mujeres de antaño (y algunas de hoy también) enseñaron (y enseñan) que no se debe hablar de sexo, como si se tratara de algo asqueroso. Y, por supuesto, a los varones se les trata como sucios trogloditas por hablar abiertamente de sexo. ¿Qué hay de verdad y qué hay de mentira en todo esto?

Muy, pero muy hermoso

Cuando Dios creó al ser humano (sí, incluyendo sus genitales y su capacidad para el sexo), el Señor estuvo satisfecho y complacido con su obra:

> *"Entonces Dios contempló todo lo que había hecho, y vio que era muy, pero muy hermoso. Pasó la tarde y pasó la mañana, y se completó, así, el sexto día".*
>
> Génesis 1:31

¡Todo lo que el Señor creó fue magnífico! La frase traducida como *"muy, pero muy hermoso"* proviene de la palabra hebrea *"meod"*. Cada vez que esta palabra se usa junto a otra, la hace más grande y más intensa. Es como decir "súper bueno" o "magnífico".

Ya en el capítulo anterior establecimos que el sexo es diseño de Dios, no es un constructo social. Y ahora estamos viendo que el sexo entra en la categoría de todas las cosas magníficas que Dios creó. Entonces, ¡el sexo no es sucio! ¡Es magnífico, y muy, pero muy hermoso!

Mira el Salmo 139:

> *"Tú hiciste todas las delicadas partes internas de mi cuerpo y las uniste en el vientre de mi madre. ¡Gracias por haberme hecho tan admirable! Es admirable pensar en ello. Maravillosa es la obra de tus manos, y eso lo sé muy bien".*
>
> Salmos 139:13-14

En este salmo, vemos que todas las partes del cuerpo son una obra maravillosa de Dios. ¡No hay ninguna parte que sea mala o "del diablo"! ¿Lo ves? Los genitales no son sucios ni diabólicos. Y, como ya vimos antes, la intimidad sexual que se crea con ellos es parte del hermoso plan de Dios.

El problema con el sexo

Si todo lo que Dios creó es magnífico... ¿por qué tanto alboroto con el sexo? Bueno, el problema con todo esto magnífico que Dios creó, ¡es que Satanás quiere que creas que es malo!

Aquí hay una lista de cosas que busca Satanás:

- Te quiere hacer creer que Dios es un aguafiestas y que su propuesta es mejor que la de Dios.

- Quiere hacerte creer que la identidad como hombre o mujer no es suficiente, que Dios se equivocó y se requieren más opciones.

- Quiere que creas que los genitales y el amor sexual son algo sucio, que no tiene nada que ver con Dios. Quiere convencerte de que no se puede ser santo y tener deseos sexuales naturales al mismo tiempo.

EL SEXO ENTRA EN LA CATEGORÍA DE TODAS LAS COSAS MAGNÍFICAS QUE DIOS CREÓ

- Quiere que pienses que el anhelo de conectar emocional o intelectualmente no se puede llenar cultivando amistades significativas, sino que necesitas para ello sexo barato.

- Quiere que en vez de aprender a amar sexualmente de forma bíblica, seas presa de la lujuria (deseo egoísta y mal encaminado) y de la lascivia (libertinaje sexual).

- Desea apartarte de los planes de Dios para tu vida sexual, y que creas que es imposible cultivar una relación estrecha con tu futuro cónyuge sin tener sexo antes del matrimonio.

- Quiere que creas que la intimidad que Dios planea para los esposos es una tontería, y que tú debes hacer lo que quieras y cuando quieras.

- Busca que descuides tu integridad sexual, y que en vez de tener una mentalidad sexual sana, seas presa de lo que los medios de comunicación y la sociedad de hoy en día quieren hacerte creer.

Recuerda que el diablo es un mentiroso. Así como engaño a Eva diciéndole que no era necesario obedecer, que no se preocupe, que no moriría... así quiere engañarte también hoy a ti respecto al sexo. Fíjate, además, que entre más distorsionado tengas el concepto de sexualidad, más fácilmente el enemigo podrá separarte de Cristo. Esto suena extraño, ¿cierto? Pero observa el patrón: Una persona que no conoce a Dios suele tener actitudes y conductas sexuales equivocadas y torcidas. Entre más alejados de Cristo, más pervertidos y liberales. Y eso es exactamente lo que Satanás quiere lograr contigo.

¿Existe el sexo sucio?

Sí, existe. El sexo sucio es el que está fuera de los parámetros del Señor. Y existe porque el enemigo siempre trata de distorsionar lo hermoso que Dios ha creado. Como es incapaz de crear, trata de deformar la creación de Dios lo más posible.

Cuando Dios diseñó el sexo estableció ciertos parámetros. El sexo es un regalo y una bendición cuando es el acto mutuo entre un hombre y una mujer casados. De otra forma, el sexo se corrompe, y ahí sí es pecaminoso, dañino y sucio. Por supuesto, Satanás busca distorsionar el diseño divino al máximo, y así es como surgen el libertinaje, la lascivia, el abuso, la fornicación, el adulterio, la pornografía, el sexting, etc. Basta con echar una mirada a tu alrededor para ver cómo algo que estaba diseñado para ser santo y hermoso se ha convertido en algo retorcido y lamentable.

Con todo esto quiero decirte que el problema no está en el sexo, está en el pecado. El pecado echa a perder el maravilloso plan de Dios. Piénsalo: Si todos se ajustaran a las leyes de Dios en cuanto al sexo y la sexualidad, no habría adulterios, familias destruidas, tráfico sexual, abuso infantil, divorcios, adolescentes embarazadas, ni abortos. Por eso, repito: El problema no es el sexo. ¡El problema es el pecado!

La verdad

En el sexto día, Dios creó al ser humano y creó el sexo. Y Él mismo evaluó su obra como algo magnífico. El Señor se goza con la expresión sexual propia de los solteros, y con la expresión sexual propia de los casados. Y aunque hay un enemigo que pervierte al mundo para intentar convertirlo en algo repugnante, ¡tú eres una nueva generación! Tú puedes hacer la diferencia. Tú puedes ir contra la corriente.

EL PROBLEMA NO ESTÁ EN EL SEXO, ESTÁ EN EL PECADO

Josh McDowell señala que la Biblia no contiene ningún versículo que diga que el sexo es algo sucio o pecaminoso. Los versículos que pudieran pintar al sexo como algo malo, en realidad no hablan de sexo sino de aquellos que se apartan del diseño de Dios para el sexo[7]. ¡Así que, acepta la belleza y la santidad del sexo, y descarta este mito!

Decídete a creer que tú puedes vivir una sexualidad santa, primero como soltero/a, y luego como casado/a. Tú puedes vivir plenamente tu soltería, como hombre o mujer, con satisfacción y gratitud. Puedes disfrutar de tu masculinidad o tu feminidad, y cultivar amistades sanas, aprovechando al máximo los dones que Dios te dio. También puedes enamorarte, sentir que flotas, tomarte de la mano, dar un beso, platicar, reír, bailar, compartir memes, o etiquetar en las redes sociales, a una persona que pudiera ser el amor de tu vida. Luego, algún día, puedes casarte y disfrutar del sexo en su máxima expresión, sin reservas. ¡Y todo esto lo creó el Señor el sexto día, y vio que fue "bueno en gran manera"!

MITO 3: EL SEXO NO ES IMPORTANTE

Seguro has notado que existen dos extremos. Por un lado, has visto películas, series y comerciales donde todo es sexo. Parece que para vender un perfume hay que tener a una chica desnuda, y que no se puede contar una buena historia sin incluir escenas extremadamente explicitas, que a veces ni tienen relación con la narrativa. Los medios de comunicación gritan "¡sexo!" en todos sus productos, y da la impresión que ese fuera el eje de la vida. Por otro lado, has crecido en un ambiente religioso en el que nadie habla de sexo. ¡Pareciera que en los hogares cristianos a los bebés los trae la cigüeña, no la fecundación! En muchas escuelas no hay clase de educación sexual o se saltan ese tema. La maestra de una niña que conozco engrapó esas páginas de los libros. ¿Será que el sexo no importa...?

Es importante para el Señor

En la Biblia encontramos el tema por todas partes, de principio a fin. Génesis habla de la creación del sexo. Todo el libro de Cantares habla de sexo romántico entre esposos. Oseas habla de la inmoralidad sexual. En los libros de Ezequiel y Jeremías encontramos descripciones tan gráficas acerca del pecado sexual que harían sonrojar a más de un erudito bíblico. Corintios habla de las pasiones de solteros y casados. El libro de Jueces contiene uno de los relatos sexuales más atroces de la Biblia. En Apocalipsis leerás acerca de la gran prostituta. Y en Proverbios hay muchos versículos relacionados con el tema del sexo. ¡Casi en cada libro de la Biblia puedes encontrar al menos una mención de actividad sexual!

La verdad es que al principio resulta difícil asimilar que Dios es quien aplaude y fomenta la intimidad conyugal. Pero este texto expresa la invitación de Dios a que marido y mujer se deleiten el uno con el otro en su cámara nupcial:

> *"¡Oh, amado y amada, coman y beban! ¡Sí, beban hasta saciarse!".*
>
> Cantares 5:1b

Comer y beber hacen referencia a la intimidad que Él les tiene preparada. ¿Por qué el Señor le ha dedicado todo un libro a este tema? ¡Porque es importante que conozcas este tema de la misma forma que necesitas conocer acerca de la salvación, la generosidad, la humildad, y cualquier otro tema de la Escritura!

Otra vez Satanás

Si te fijas, Satanás tiene una estrategia. Por un lado, engaña a las personas de este mundo para que adoren al sexo como si fuera un dios. ¿Y qué hace con la Iglesia? ¡La pone en el otro extremo! Como a la mayoría de los cristianos no los puede pasar al bando de los pervertidos, entonces al menos intenta que tengan las ideas los más alejadas posible del diseño divino. Satanás trata de que la Iglesia se mantenga, frente a estos temas, en silencio, ignorancia, falsa modestia o religiosidad.

Como resultado, tenemos una Iglesia mojigata que no se para en la brecha para defender la verdadera sexualidad y el sexo según el diseño de Dios, sino que le ha cedido cobardemente el terreno a Satanás y al mundo.

Hoy en día en la Iglesia prácticamente es pecado tener dudas, curiosidad, o inquietudes acerca del sexo. ¡Y que Dios nos libre de hablar de la vulva o del pene! Pero si hablamos de la cara o del hígado sin problemas, ¿por qué no podríamos hablar de testículos u ovarios? Si el Señor creó todas las partes del cuerpo, ¿por qué sería malo esto?

¡ES IMPORTANTE QUE CONOZCAS SOBRE EL SEXO DE LA MISMA FORMA QUE NECESITAS CONOCER ACERCA DE LA SALVACIÓN, LA GENEROSIDAD, LA HUMILDAD, Y CUALQUIER OTRO TEMA DE LA ESCRITURA!

Como siempre, Satanás es un mentiroso y un engañador, y él no quiere que sepas que, en realidad, el mejor lugar para hablar de sexo es (o debería ser) la Iglesia: un ambiente seguro de gente que quiere y sabe compartir los principios bíblicos acerca de la sexualidad. ¡Te invito a construir ese ambiente saludable en tu comunidad! Juntos investiguen, discutan y pidan la sabiduría de Cristo.

Mi experiencia

Déjame contarte algunas situaciones que he vivido:

- A cierto pastor se le propuso hacer una conferencia titulada "La pornografía en la iglesia". Se le presentó el programa, y dijo que lo pensaría. Pasó un año, nunca dio su respuesta, y el tema se quedó en el cajón… No se sabe la razón por la que no aprobó el proyecto, pero nunca volvió a mencionar el tema.

Probablemente para el pastor no fue importante, o, peor aún, era un tema del que no quería hablar.

- En otra iglesia tuvieron la maravillosa idea de hacer una jornada de sexualidad para jóvenes. Pensaron en el programa, posibles predicadores, y detalles de logística, y luego llevaron el proyecto al comité de ancianos para su aprobación. Al ver que el evento duraría todo un sábado, uno de los ancianos protestó: "¡Cuántas horas necesitan para decirles a los muchachos 'No lo hagan'!". Lamentablemente, este es un escenario común en muchas iglesias. Creen que lo único que los chicos necesitan oír es "no", pero no piensan que deberían aprender sobre el tema como de cualquier otro tema bíblico. (De paso, te animo a que te acerques a tu mentor o líder juvenil y le propongas organizar en tu iglesia una jornada de sexualidad. A lo mejor no le encanta la idea, ¡pero tú échame la culpa y que farfullen pensando en mí!).

- Al final de una reunión de oración de mujeres de varias iglesias, les comenté que estaba leyendo acerca de la importancia de la mujer de Cantares en la iglesia. Una de ellas me preguntó con cara de incredulidad algo como: "¿Acaso el sexo sí es importante para el creyente?". Yo casi me caigo de espaldas, porque esta señora, casada y con tres hijos, era la primera en apuntarse para orar y organizar marchas de intercesión... pero consideraba que la intimidad sexual no era un tema importante. ¡Como si no pudiera ser al mismo tiempo la discípula más devota y tener una vida sexual plena con su esposo!

- A mi marido lo invitaron a un grupo *online* para varones, donde se enseñaban temas apocalípticos. Era una comunidad numerosa y participativa. Un día, el pastor organizador dijo: "He estado orando y siento la dirección de Dios de hacer un paréntesis y hablar de la importancia de la vida sexual matrimonial". Hubo fuertes protestas, y muchos miembros abandonaron el grupo. Mi esposo y yo comentábamos luego lo desconcertante que es que los esposos tengan morbo por conocer todos los detalles de la marca de la bestia, pero que no les interese saber si su esposa es feliz en la cama. Patético, ¿no te parece?

El punto de vista del soltero

Hoy en día la mayoría de los jóvenes están más interesados en saber sobre el sexo que sobre el matrimonio. Y una de las razones es el mal ejemplo que ven a su alrededor. Hace un tiempo un joven me contó que lo habían llamado a servir en un evento de matrimonios de la congregación, y entonces me dijo: "Estoy perplejo porque cuando le pasaron el micrófono a cada pareja, todos dijeron que el matrimonio es muy difícil y pesado. ¿Es eso cierto?".

Después de hacer una rápida oración mental para pedirle sabiduría a Dios, mi respuesta fue: "Mira, el matrimonio no es difícil en sí mismo. Puede ser la aventura más maravillosa, el mejor regalo de Dios y, por supuesto, el sexo es la cereza del pastel. ¿Se requiere trabajo y esfuerzo? Claro, como en cualquier cosa que vale. Como cualquier área de nuestra vida en la que queramos ser exitosos, requiere invertir mucha dedicación en ello. De la misma manera que un atleta tiene que entrenar, estudiar jugadas y cuidar su alimentación para obtener buenos resultados, así deben esforzarse también los esposos. ¡Pero no hay nada extra difícil!".

Luego le expliqué que, en mi experiencia, cuando las parejas se quejan por lo difícil que es estar casados, suele ser por alguna de estas razones:

-Efectivamente hay en la familia un problema muy complicado (como el abuso, un hijo en las drogas, una enfermedad degenerativa, etc.). Ahí sí pudiera ser un argumento comprensible.

-Equivocadamente piensan que si se hubieran casado con otra persona, "con su alma gemela", jamás tendrían que enfrentar ninguna dificultad, jamás discutirían por nada, y todo sería miel sobre hojuelas. Esto es una fantasía, y por lo tanto es falso.

-El pecado reina en esa relación. Cuando una pareja vive sujeta a Cristo, por la casa flotan corazoncitos, y es más fácil ponerse de acuerdo en todo, incluso en la cama. Cuando dejan que pecados como el egoísmo, el enojo, la impaciencia, o el orgullo los gobiernen, entonces el matrimonio se sufre en vez de disfrutarse.

-No han aprendido técnicas de comunicación, ni cómo tener sexo satisfactorio para ambos. Por lo tanto, es natural que estén resentidos.

Al joven le quedó claro, y espero que a ti también. Para Dios, matrimonio y sexo son dos caras de la misma moneda ¡y ambas tienen valor!

El mundo al revés

El enemigo, el mundo, el sistema, la cultura… llámalo como quieras, pero por favor date cuenta de que todo hoy en día está en contra del diseño de Dios. ¡Está todo al revés! Se alienta a que los solteros sean promiscuos, y los matrimonios sean mojigatos. A que los solteros "vivan la vida loca", y los casados nunca tengan sexo. El mundo está constantemente gritando "¡Sexoooo!", y la iglesia permanece muda. ¿Te das cuenta de la paradoja? Muchos cristianos esperan y esperan para llegar vírgenes al matrimonio, pero después de la luna de miel, o después de tener hijos, se vuelven sexualmente más apagados que una piedra.

¿De dónde viene todo esto? Para ser sinceros, era casi de esperarse que el mundo esté al revés… pero, ¿por qué la iglesia está al revés también? O, para decirlo más claro, ¿por qué los pastores no predican jamás acerca del sexo?

Bueno, hay que volver al siglo primero para darnos cuenta de lo viejo que es este problema…

> *"No dejen que nadie los engañe con filosofías erradas y huecas, basadas en tradiciones humanas y en los poderes que dominan este mundo, y no en la enseñanza de Cristo".*
>
> Colosenses 2:8

Pablo, en su época, se enfrentó a filosofías ancestrales (tales como el platonismo, el ascetismo y el gnosticismo), las cuales tenían conceptos como que todos los placeres naturales eran malos, o que la vida intelectual y espiritual eran más importantes que la vida física. Así fue como ideas del tipo de *"el cuerpo es pecaminoso y todo lo placentero es del diablo"* se infiltraron en la Iglesia e infectaron la manera en que los primeros creyentes vivían su fe, incluyendo la sexualidad. En varias de sus cartas Pablo pelea contra estas corrientes que se disfrazaban de "cristianas". Lamentablemente no aprendimos la lección, y hoy en día estas ideas siguen escondidas dentro de la cultura cristiana. Es por eso que muchos creyentes (y muchos pastores y predicadores) ven con malos ojos cualquier cosa que tenga que ver con el uso natural del cuerpo… porque mezclan el evangelio con falacias. Los infectados por estas filosofías son los que dicen que no se puede ser espiritual y sexual al mismo tiempo, o que

PARA DIOS, MATRIMONIO Y SEXO SON DOS CARAS DE LA MISMA MONEDA ¡Y AMBAS TIENEN VALOR!

es más espiritual orar que hablar de sexo. Estos conceptos están alejados de la enseñanza de la Biblia. Ellos olvidan una realidad del libro de Cantares: Las hijas de Jerusalén son "testigos" a quienes se les instruye acerca de la santidad del sexo. Están ahí para indicar que el Señor espera que haya una comunidad de creyentes dispuestos a participar en un diálogo edificante en vez de construir tabúes.[8] Pero se ha hecho lo opuesto: se ha despojado a este libro de su intención original (el sexo en el matrimonio) y se transmite únicamente como la alegoría del amor entre Cristo y su Iglesia… ¡porque eso suena más espiritual!

Olvidan que en Cantares, la palabra traducida como "amor" proviene de una palabra que se refiere a la intimidad física[9]. Y también olvidan que por siglos, en la cultura judía, el matrimonio (y el sexo) se consideran *"kiddushin"*, algo puro, santo y digno de ser valorado. Lamentablemente, como ya dijimos, la Iglesia ha adoptado diversas filosofías humanas que asocian el sexo con inmadurez espiritual, suciedad o pecado[10].

La verdad

El sexo sí es importante, ¡por la simple razón de que Dios lo creó! ¿Es lo más importante? No, tampoco hay que irnos al otro extremo. Lo más importante es que Cristo sea el Señor de toda tu vida. El sexo no debe ser tu meta en la vida. Es solo una faceta más, como el trabajo o la familia.

Imagínate un automóvil. El aceite es un uno de sus componentes. En comparación con el tamaño del vehículo, una botella de aceite es muy pequeña. Sin embargo es algo que hay que verificar periódicamente. Gracias al aceite, el motor puede funcionar correctamente. Pero claro, no podemos decir que es lo más importante de todo el automóvil. Otros opinarán que es más vital la gasolina, o que todo, cada pequeña cosa, importa.

Lo que intento explicarte aquí es que para el matrimonio, el sexo sí es importante, porque es el plan de Dios y porque es lo que distingue la relación conyugal de cualquier otra (de amigos, de hermanos, de colegas). Pero ni siquiera en el matrimonio el sexo es lo más importante, porque la vida en pareja tiene otras facetas igualmente relevantes, como la comunicación, la oración, el servicio, el respeto, etc. Y además, no podría ser lo más importante porque... te voy a revelar un secretito: ninguna pareja puede tener sexo todo el día, todos los días. Sí, es muy divertido, pero hay otras cosas importantes por hacer. Quitando las 16 horas consumidas entre trabajo y sueño, solamente tendrás 8 horas disponibles para construir tu crecimiento personal y el de tu matrimonio, ¡y para esto hay muchas cosas más que hacer además de tener sexo!

Así que, te dejo un consejo para el futuro: cásate con tu mejor amigo(a), ¡y cásate con un verdadero hijo de Dios! Tener un amigo creyente al lado hace que el matrimonio sea más gratificante, independientemente de si están orando, cocinando juntos, o teniendo sexo.

En resumen, el sexo no debe ser lo más importante ni para los solteros ni para los casados. No debes verlo como algo mundano, pero tampoco debe ser tu obsesión. Si buscas en la Biblia, hay muchos versículos acerca de la sabiduría que son aplicables a tu vida sexual.

Tal vez este concepto de buscar sabiduría para tu vida sexual sea nuevo para ti, pero mira lo que dice este versículo:

> *"Si se embota el hacha y no es afilada, hay que añadir más esfuerzo. Pero es más ventajoso aplicar la sabiduría".*
>
> Eclesiastés 10:10 (RVA 2015)

Lo que dice, en otras palabras, es que cuando hacemos las cosas con sabiduría todo sale mejor. Un hacha que ha perdido su filo es poco útil, y costará mucho más trabajo cortar con ella. Pero si somos sabios la afilaremos en vez de cansarnos sin necesidad, dando golpes ineficientes.

El comentarista bíblico John Gill dice de este verso: *"esta es la 'excelencia' de la sabiduría, que pone al hombre en la forma correcta de hacer las cosas, y de hacerlas bien; lo dirige a tomar los mejores métodos y buscar las mejores formas y medios de hacer las cosas, tanto para su propio bien como para el bien de los demás; y así, es mejor que la fuerza"*[11].

La frase traducida como "más ventajoso" es la palabra hebrea רָשֵׁכ *kashér*, que significa estar derecho o recto; ser aceptable; triunfar o prosperar. Esto quiere decir que la sabiduría te ayudará a tener una vida sexual recta y aceptable, primero como soltero, y más adelante como casado. La sabiduría te ayudará a triunfar contra la tentación. Y la sabiduría te ayudará a darle la importancia adecuada al sexo, ni más ni menos que la que Dios le dio.

Cuando tú aplicas sabiduría en cualquier área de tu vida, eres más exitoso. ¡Recuerda que esto incluye también tu vida sexual!

MITO 4: EL SEXO ES SOLO UNA ACTIVIDAD FISIOLÓGICA

Tal vez en más de una película o serie hayas escuchado la frase "solo es sexo" para quitarle relevancia al evento. O tal vez hayas oído hablar acerca de las "chicas de antro" o los "F*ck-boys" para referirse a personas con las cuales tener sexo casual. Lo cierto es que hoy en día, tanto los medios de comunicación como la cultura popular insisten en decir que "solo es sexo", como si no tuviera mayores repercusiones, y como si esa fuera una buena razón para ir por la vida acostándote con cualquiera.

¿Es solo sexo?

No, no lo es. En realidad, la relación sexual tiene 3 dimensiones. Pero antes de analizarlas una por una, quisiera invitarte a pensar en esto: Muchas de las actividades que realizamos, que a primera vista parecerían ser "solo algo físico", no lo son.

Imagina a un equipo de futbol colegial. Entrenan su cuerpo y lo usan para practicar el deporte, pero... ¿por qué están en un equipo que compite en torneos? ¿Por qué gritan y cantan cuando ganan el campeonato? ¿Y por qué lloran si lo pierden? ¿Por qué intercambian camisetas con los jugadores de otro equipo? ¿Por qué le dedican tantas horas a lo que llaman "su pasión"? Evidentemente, el futbol es mucho más que una actividad física. No solo hay que pensar para planear las estrategias y las jugadas, sino que también hay muchísimas emociones de por medio: odian al equipo archienemigo, y aman cantar su propio himno emotivamente.

Lo mismo sucede con muchas otras actividades: bailar, escalar una montaña, e incluso comer. ¿Comer? ¡Pues sí! No solo es abrir la boca y mover los músculos para masticar y tragar, ni es solo el proceso fisiológico de digerir, sino que también es una actividad emocional y espiritual. Comemos cuando celebramos, y comemos cuando estamos tristes (como dice el refrán, "las penas con pan son menos"). Disfrutamos de distinta manera una cena con amigos que una velada romántica con la persona que amamos. Y si lo piensas bien, todo el relato bíblico inicia con comer una fruta prohibida, y culmina con un banquete de bodas. ¡Hasta Jesús dijo que para recordar su sacrificio celebráramos la Santa Cena!

Ahora seguramente tendrás una mejor idea de por qué te estoy hablando de que el acto sexual involucra tres dimensiones. Veamos cada una en detalle…

El cuerpo

Todo inicia en el cuerpo, pero no con la piel, ¡sino con las hormonas! Es muy interesante ver cómo el Señor puso en tu organismo sustancias químicas que regulan muchas funciones: Hay una hormona que te permite crecer, otra que te permite dormir, otra que regula los latidos de tu corazón. Y entre ellas están también las que producen las emociones humanas y el deseo sexual. Te cuento un poco de ellas en el siguiente cuadro…

Feniletilamina:	**Estrógenos:**
"Se me cae la baba".	*"Me gusta albergar".*
Se le llama *la hormona de Cupido*.	Se le llama *la hormona femenina*.
Se libera cuando hay un estímulo emocional, contacto visual, cercanía física, música placentera, sabores, deporte y luz del sol.	Produce los caracteres sexuales femeninos.
Produce una sensación embriagadora, exaltación, euforia, insomnio, falta de apetito, suspiros, desconcentración, risa boba, atontamiento y mareo y reduce el cansancio.	En hombres y mujeres produce y protege los huesos, suaviza la piel, promueve la empatía, la socialización y el impulso sexual.
Estimula la producción de dopamina, norepirefrina, adrenalina y oxitocina.	A causa del ciclo menstrual, hay variaciones en los niveles de estrógeno dependiendo de la fecha; esto altera el estado de ánimo de la mujer.
Dura un máximo de 18 meses.	
Produce adicción.	
Testosterona:	**Dopamina:**
"Me gusta cazar".	*"¡Qué bien se siente, quiero más!".*
Se le llama *la hormona masculina*.	Se le llama *la hormona del placer*.
Produce los caracteres sexuales masculinos.	Se libera cada vez que algo nos hace sentir bien (estímulo-recompensa).
En hombres y mujeres, produce la masa muscular y la fuerza; la agresividad, el arrojo, el ímpetu, la competitividad y el impulso sexual y reduce la empatía.	Promueve la búsqueda de estímulos agradables.
Sus altos niveles de testosterona hacen que los hombres sean muy competitivos, que tiendan a comer más y que estén más enfocados a buscar actividades divertidas.	Produce emoción, emotividad, euforia, energía y motivación.
	Dura un máximo de 2 años.
	Produce alta adicción.

Oxitocina:	**Vasopresina:**
"Somos el uno para el otro".	*"Quiero estar contigo por siempre".*
Se le llama *la hormona del abrazo o del amor*.	Se le llama *la hormona de la monogamia*.
Se libera con la estimulación íntima o abiertamente sexual (mirar, escuchar, beso, abrazo, caricia, lactancia).	Se libera con la estimulación íntima o abiertamente sexual (mirar, escuchar, beso, abrazo, caricia, paternidad).
Es la hormona que genera el mayor vínculo afectivo (apego).	Produce un vínculo afectivo (apego) duradero y conexión emocional; promueve la conducta protectora.
Produce sentimientos de cariño, conexión emocional, amor, fidelidad, unidad y confianza.	Tiene un poco más de presencia en el hombre que en la mujer.
Se produce más fácilmente en la mujer.	Es proporcional al grado de estímulo.
Es proporcional al grado de estímulo.	
Endorfinas:	**Serotonina:**
"¡Qué bien la paso contigo!".	*"¡Cuánta paz y felicidad!".*
Se le llama *la hormona de la alegría*.	Se le llama *la hormona de la felicidad*.
Se libera con la risa, el contacto físico y visual, el ejercicio o con cumplir un objetivo, relajarse, dormir, jugar, leer u orar. También con conocer a una persona atractiva y con la actividad sexual.	Se libera cuando hay una percepción de respeto, aprecio, alegría y bienestar. También a través de la oración, la meditación sobre la Biblia y el descanso, el sueño profundo y el ejercicio (sobre todo al aire libre).
Ayuda a producir dopamina, oxitocina y serotonina (juntas son "el cuarteto de la felicidad") y a reducir el dolor físico y emocional.	Produce buen humor, buen ánimo, optimismo, gratitud, sociabilidad, empatía y satisfacción.
Sustituye a la feniletilamina.	Inhibe la ira, la hostilidad, la obsesión y la depresión.
Produce adicción.	

Norepirefrina:	**Adrenalina:**
"Nunca lo olvidaré".	*"Piensa rápido".*
Se le llama *la hormona de la memoria emocional.*	Se le llama *la hormona de la activación.*
Se libera cuando hay un evento altamente emocional o multisensorial.	Se libera cuando el organismo se pone en estado de alerta, cuando se vive una experiencia nueva o se percibe una amenaza.
Produce adrenalina, palpitaciones, rubor, sudoración, euforia y activa la memoria detallada a largo plazo.	Sube el azúcar en sangre para tener energía inmediata. Produce actividad, aumento de la presión sanguínea, vasodilatación, sobredosis de oxígeno y respuesta muscular.
	Promueve la osadía y el "síndrome de pavorreal"G.
	Fuerza la producción de dopamina.
	Puede producir adicción.
Cortisol:	
"¡Qué aburrimiento! ¡Qué estrés!".	
Se le llama *la hormona del estrés.*	
Se libera cada vez que algo nos inquieta, angustia o desespera, o si hay una amenaza prolongada.	
Sube el azúcar en la sangre para tener energía inmediata.	
Produce fatiga, falta de concentración, problemas de memoria y debilita el sistema inmunológico.	
Fuerza la producción de dopamina.	

Esto es genial, ¿verdad? ¡Gracias a la bioquímica que Dios puso en tu cuerpo, puedes relacionarte con el sexo opuesto desde mucho antes del día de tu boda!

Te recomiendo que releas un par de veces el cuadro para poder identificar bien cada hormona, ya que las estaremos mencionando en varios capítulos. Y para que te quede más claro cómo funcionan estas hormonas en la práctica, a continuación te comparto una historia de amor…

La historia de Lucía y Diego: un relato para entender cómo funciona la bioquímica que Dios puso en nosotros

1 Lucía y Diego están cada uno ocupado en lo suyo. De repente, se ven el uno al otro como una persona que les interesa.

Adrenalina: El cuerpo se pone en estado de alerta porque una "pareja potencial" se acerca.

Testosterona y estrógeno: Hay un interés en ambos, por un deseo de conexión con el sexo opuesto.

2 Lucía y Diego se saludan y empiezan a platicar.

Dopamina: La convivencia es muy agradable.

Endorfinas: Algo gracioso surge, y ambos se ríen hasta casi llorar.

Feniletilamina: Diego se da cuenta que Lucía tiene bonitos ojos y una bella sonrisa. Lucía piensa que Diego es muy simpático y varonil. Ambos sienten que el otro "les gusta".

(Nota: Las etapas 1 y 2 pueden llevar poco o mucho tiempo. El pasar de "me interesa" a "me gusta" varía según las personas).

3 Lucía y Diego se despiden.

Norepirefrina: Al separarse, hacen un recuento de lo acontecido y reviven la conversación una y otra vez. El estímulo visual, auditivo y táctil, les harán recordar para siempre "el día en que se conocieron".

Dopamina: Ambos quieren volver a pasar un tiempo tan agradable. Diego se propone conseguir su número de celular para invitarla a salir. Lucía se emociona solo de pensar en cuándo lo verá de nuevo.

(Observa que hasta aquí, todavía "no ha pasado nada").

4 Lucía y Diego se encuentran inesperadamente en otro lugar.

Adrenalina: Diego saca pecho y empieza a hablar más grave. Lucía intenta actuar natural, pero inclina cabeza hacia un costado, parpadea muy rápido, y habla muy agudo.

Feniletilamina: Cuando se saludan, ambos empiezan a reír bobamente sin saber por qué. Sienten mariposas en el estómago.

Endorfinas: Empiezan a caminar y a platicar, y Lucía recuerda que trae un chocolate en su bolsa. Lo comparten mientras conversan. Sienten la brisa de la tarde en sus caras. Intercambian números de teléfono. Hacen planes para salir a tomar un helado el fin de semana.

Serotonina: Platican tan a gusto y se la pasan tan bien, que se sienten relajados y cómodos el uno con el otro.

Oxitocina: Se despiden con un abrazo y un beso en la mejilla.

Norepirefrina: Luego de despedirse, ambos hacen un recuento interno de qué platicaron, cómo se sintieron, qué dijeron, cómo se veían, etc.

5 Lucía y Diego se envían mensajes y stickers, se etiquetan en publicaciones, y hablan por FaceTime. Platican acerca de las cosas que les gustan, del mensaje que predicó el pastor el domingo, se comparten versículos, y ríen de todo.

Adrenalina: El pulso se les acelera cada vez que les llega una notificación o suena el teléfono.

Dopamina: El corazón siente que flota al leer el mensaje o escuchar la voz del otro.

Endorfinas: Ellos disfrutan cada momento de la conversación.

Serotonina: Las palabras amables y gentiles del otro los hacen sentir felices.

Feniletilamina: Durante la semana, ninguno logra concentrarse en sus responsabilidades. Se la pasan soñando despiertos, y se sienten morir de tantos días que faltan para volverse a ver. Cuando alguien les pregunta algo, hablan incoherencias. Caminan distraídos, chocando con los demás. Están como en la luna. Aunque hayan tenido un día pesado, podrían ahora mismo caminar 40 kilómetros con tal de verse en persona. Ambos saborean individualmente su secreto: ¡están enamorados!

6 Después de varios paseos y helados, de muchas horas de plática, y de un millón de mensajes de texto, Diego decide que le pedirá a Lucía que sea su novia la próxima vez que la vea. Lucía ya lleva días pensando que Diego sería un gran novio.

Endorfinas: Cada vez que se reúnen, se sienten increíblemente bien. Quieren verse más seguido.

Feniletilamina: Cuando tienen una cita, ambos sienten que flotan al pensar en el momento del encuentro. Se ríen sin saber por qué. La vida parece perfecta. Cuando se miran se sienten un poco mareados. Se sienten verdaderamente enamorados.

Cortisol: El día de la gran pregunta, Diego está nervioso. No está seguro de si Lucía aceptará ser su novia. Lucía, por su parte, no está segura de que ha enviado señales claras de lo que siente.

Adrenalina: Él se pone su mejor camisa. Ella le pide a su amiga ayuda con un nuevo peinado.

Testosterona y adrenalina: Diego se arma de valor y piensa que ahora es cuando debe hacer la pregunta.

Testosterona y oxitocina: Diego le toma la mano a Lucía y le pide que sea su novia.

Serotonina y dopamina: Lucía no puede creer que por fin ha sucedido, y dice que sí. Diego siente que la vida no puede ser más perfecta. Ambos agradecen a Dios en silencio por haberles enviado a una persona tan maravillosa.

Testosterona y estrógeno: Ambos empiezan a pensar que un beso sería una buena idea.

Mucha oxitocina, dopamina, endorfinas, feniletilamina, serotonina, vasopresina: ¡El primer beso!

Norepirefrina: Más tarde, ya cada uno en su casa, ambos piensan una y otra vez en ese encuentro inolvidable, y en ese beso tan especial. Recuerdan el entorno, los sonidos y los aromas. El perfume, la ropa que usaban, la música que sonaba de fondo, la iluminación de la heladería, la sensación en la piel, el sabor en la boca. Ambos piensan que será un momento que atesorarán por siempre.

7 El tiempo pasa. Ya de novios, la relación madura con la convivencia y las muchas conversaciones. Unas hormonas aumentan y otras disminuyen.

Feniletilamina (desciende): Diego y Lucía se sienten cada vez menos torpes cuando están juntos. Ya no están nerviosos, ya pueden concentrarse en su trabajo, y ya no están constantemente en la luna como antes.

Endorfinas, serotonina, vasopresina y oxitocina (aumentan): En todo este tiempo han llegado a conocerse mejor, con sus virtudes y defectos. Disfrutan inmensamente de la compañía mutua. Comparten varias actividades en común y estudian la Biblia juntos.

8 La unidad que han desarrollado les ayuda a sobrellevar un viaje que se avecina y que los separará por un mes.

Serotonina (aumenta): Diego piensa que no hay mejor mujer en el mundo que Lucía. Ella lo hace sentir especial. Orar juntos antes de despedirse lo relaja y le da ánimo...

(Disminuye): ...Pero estos días que no la ha visto parecen eternos. Se siente deprimido.

(Disminuye): Cada día que pasa sin verse, Lucía siente más ganas de llorar.

(Aumenta): Los mensajes de texto ayudan enormemente.

Adrenalina: De repente ha pasado un día entero sin tener noticas del otro, y empiezan ponerse tensos.

Cortisol: La tristeza los inunda por la preocupación de que no han podido comunicarse durante dos días por unas fallas en la señal de internet. Diego, además, se aburre hasta el colmo, pues estaba habituado a visitar a Lucía casi a diario.

Endorfinas, Dopamina y serotonina: ¡Por fin logran comunicarse! ¡Qué alegría oír la dulce voz del otro! Ambos cuentan los días para volver a verse.

9 El viaje termina. Lucía y Diego se vuelven a ver en una cena romántica, en un lugar nuevo.

Adrenalina: Ambos sienten gran expectativa de reencontrarse y de conocer ese nuevo restaurante romántico.

Feniletilamina: Cuando se ven y cruzan las miradas, se sienten que flotan y les palpita más fuerte el corazón.

Oxitocina: Se saludan con un abrazo prolongado.

Testosterona: Diego no pude creer lo hermosa que se ve Lucía.

Estrógeno: Lucía siente que morirá si Diego no le da un beso de bienvenida.

Endorfinas: Lucía y Diego se dan cuenta que nada en la vida los pone de tan buen humor como estar juntos. Se toman de las manos, se miran a los ojos, se cuentan lo que hicieron durante el tiempo que estuvieron separados, se dan de comer en la boca, se ríen, y oran juntos en agradecimiento a Dios por volverse a ver.

Serotonina: Durante la cena, al transcurrir la conversación, ambos sienten que están sentados frente a la mejor persona que conocieron en toda su vida. Se sienten felices y realizados.

Dopamina: Al llegar al postre, ambos se dan cuenta de que compartir esa mesa, ese pastel, esa conversación y ese momento, es la mejor experiencia de sus vidas. Sienten que nada más importa en el mundo.

Vasopresina: Diego decide que quiere pasar el resto de sus días amando y cuidando de Lucía, y le propone matrimonio. Ya no solo se siente "enamorado", ¡sino que la ama de verdad!

Oxitocina: Lucía siente que son el uno para el otro, y con un beso le dice que sí. ¡No se imagina con nadie más que con él!

10 Lucía y Diego se preparan para su futura vida en común.

Adrenalina: La sola idea de pensar en el día de la boda los hace trabajar más duro.

Endorfinas: Ellos comparten sus planes, y pasan horas felices organizando tanto el evento como su futura vida de casados. También asisten juntos a un curso prematrimonial.

Serotonina: La dulzura en el trato mutuo les confirma una vez más que quieren pasar la vida juntos.

Testosterona y estrógeno: Cada vez que se reúnen, con solo verse ya sienten que falta una eternidad para poder estar juntos sin restricciones.

Cortisol: Todo la planeación de la boda, la luna de miel, y su nueva casa, los estresa.

Dopamina, oxitocina y vasopresina: Los besos de despedida son cada vez más difíciles de superar. ¿Por qué tarda tanto en llegar ese día en que ya no tengan que despedirse?

11 Finalmente llega el día de la boda, la noche de bodas, y la luna de miel.

Cortisol y adrenalina: Aunque es un día tan feliz, y muy esperado, la ceremonia y la fiesta son algo estresantes y agotadoras.

Dopamina, endorfinas, feniletilamina, serotonina, oxitocina, vasopresina, norepirefrina: Algunas de estas hormonas alcanzan niveles altísimos. La noche de bodas les brinda una experiencia nueva, al disfrutar del "regalo de Dios" con la total libertad que les otorga el pacto matrimonial. A partir de aquí, Lucía y Diego empiezan a conocerse de forma más íntima y se disfrutan mutuamente cada vez más...

Si este relato fuera una película de Hollywood, este sería el final. Pero en el diseño bíblico, es apenas el inicio. Todo lo que viene antes del matrimonio es solo el *trailer* de la película. ¡El matrimonio es la verdadera historia de amor!

El alma

Tu alma está conformada por tu voluntad, tus emociones, tus sentimientos, tus pensamientos y tu raciocinio[12]. Cuando Dios diseñó el acto sexual, planeó que la pareja se uniera emocionalmente también. Hay amor, alegría, compromiso, placer, ternura, vulnerabilidad, pasión... ¡vaya que hay muchas emociones y sentimientos involucrados! ¿Por qué? Porque Dios ideó que este fuera el método más efectivo para producir unidad emocional, más que tomarse de las manos o besarse. A través de la unión física, las dos almas se hacen una.

¡EL MATRIMONIO ES LA VERDADERA HISTORIA DE AMOR!

Al pensar en esto podemos entender parte de las razones por las que Dios detesta la fornicación, el adulterio y el divorcio. Es porque dos almas que han estado produciendo unidad emocional a través del sexo, de repente se separan, y sus corazones quedan muy lastimados. Tan solo recuerda las canciones de desamor: muchas tienen connotaciones sexuales y son desgarradoras. Estos lamentos musicales dejan ver lo delicado que es jugar con la unidad emocional que produce el sexo.

En la carta a los corintios, Pablo compara el sexo con la unión emocional:

> *"¿No saben que cuando un hombre se une a una prostituta se hace parte de ella y ella de él? Dios nos dice en las Escrituras que «los dos se vuelven una sola persona». Pero cuando alguien se une al Señor, el Señor y esa persona se vuelven uno en el Espíritu. Por eso, precisamente, les digo que huyan de los pecados sexuales. Ningún otro tipo de pecado afecta al cuerpo como este. Cuando uno comete esos pecados, peca contra su propio cuerpo".*
>
> 1 Corintios 6:16-18

Vemos que les advierte no hacerlo a la ligera, por las afectaciones internas que conlleva. Esto sigue siendo cierto hasta el día de hoy. Unirse sexualmente a una persona afecta profundamente. Por ejemplo, una pareja de esposos tendrá más amor, más comunión, más intimidad. Aquello de "serán una sola carne" se refiere a fundir todos los aspectos de su alma: las emociones, los pensamientos, e incluso la voluntad. Entre más relaciones tienen, más se van convirtiendo en uno solo, lo cual es bueno, deseable y hermoso. Pero cuando dos personas no casadas se unen sexualmente, se

EL SEXO CASUAL ES UN SUSTITUTO BARATO E INEFICIENTE PARA LA INTIMIDAD EMOCIONAL QUE DIOS TENÍA PLANEADA PARA EL MATRIMONIO

crea una distorsión, porque sus almas se combinan sin un pacto matrimonial. Entonces se produce una especie de "glitch" que rompe los corazones, el raciocinio, y hasta la voluntad. Se crea una paradoja, porque mediante sexo unieron su alma con la de alguien con quien no tienen un pacto matrimonial, ¡y eso le hace explotar la cabeza a cualquiera!

La autora Debra Fileta dice: *"La intimidad es mucho más que un sentimiento apasionado; es compromiso, revelación, conocimiento y búsqueda. Una cosa que estas palabras tienen en común es que todas implican una conexión a largo plazo"*[13]. Si te fijas, el sexo casual es un sustituto barato e ineficiente para la intimidad emocional que Dios tenía planeada para el matrimonio.

¡LA SEXUALIDAD ES ALGO MUY ESPIRITUAL!

La cultura popular intenta engañarte diciéndote que si te entregas a una actividad que es "solo física" serás completamente feliz, pero en realidad es una receta segura para el sufrimiento emocional, porque el sexo es mucho más que la piel.

¿Sabías que el creador de Playboy era psicólogo? No estoy diciendo que la psicología sea algo malo. Digo que muchas veces científicos sin ética usan sus conocimientos para manipular tus emociones y venderte una idea distorsionada del sexo, porque ellos saben que el sexo es mucho más que algo físico. Saben que muchas personas en realidad están buscando una conexión emocional, y para esto les ofrecen un sustituto falso.

También hay muchas novelas y películas que quieren hacerte creer que el impulso sexual es "amor verdadero", y que esa necesidad de tu alma es en realidad tan solo un impulso de tu cuerpo. Todos tenemos una gran necesidad de intimidad mental, volitiva y emocional que, claro, hasta cierto punto se puede suplir con sexo... ¡pero también se puedes suplir sin sexo! ¿Cómo? Con una conversación profunda, con compañerismo, o con una amistad estrecha. Scott Kedersha lo explica así: *"intimidad emocional es compartir nuestros pensamientos, sentimientos, deseos, sueños, el pasado, las luchas y mucho más sin temor a ser rechazado. Es conocer totalmente y ser conocido totalmente sin temor al rechazo"*[14].

El espíritu

El texto de Corintios que acabamos de leer también compara la unión sexual con la unidad espiritual. Y creo que ya te mencioné que en los libros de Jeremías y Oseas el Señor compara la pureza espiritual con la fidelidad sexual. ¡La sexualidad es algo muy espiritual! El mismo Jesús, llamó a los religiosos de su tiempo "almas adúlteras", usando la analogía de Jeremías y Oseas para comparar la infidelidad espiritual con la infidelidad conyugal.

Además, en hebreo y griego, hay palabras que se usan indistintamente tanto para la intimidad conyugal como para la comunión espiritual con el Señor. Con esto podemos ver que la sexualidad y la espiritualidad son dos caras de la misma moneda.

Si te fijas bien, es notorio el paralelismo que hay entre las personas que no quieren nada que ver con Dios, y su terrible conducta sexual. Su vida sexual suele ser un reflejo del lugar que Dios ocupa en sus vidas. En vez de adorar al Dios que creó la sexualidad, han convertido la sexualidad en su dios.

En Juan 17:21-23 Jesús ora por sus discípulos y menciona la unidad: El Padre y el Hijo son uno, y Dios quiere que seamos uno con Él. ¡Para el Señor la unidad es muy importante!

Tristemente, cada vez que un par de solteros tienen relaciones sexuales, están representando un símbolo distorsionado de lo que es la unidad espiritual. Con su acto sexual están diciendo: *"Miren, así es la unidad espiritual: barata, casual, superflua, sin importancia, sin pacto; hoy te puedes unir a un dios y mañana a otro, sin repercusión alguna".*

Por otra parte, cando un esposo y su esposa se unen sexualmente, el mensaje que transmiten es: *"Miren, así de unidos son Cristo y su Iglesia, con amor, pasión, sin reservas, en una entrega mutua, pura y absoluta"*.

¿Notas qué mensajes espirituales tan diferentes?

La verdad

No compres la mentira de que "es solo sexo" o "es simplemente algo físico". Tal vez empieza siendo una función fisiológica y hormonal, sí, pero definitivamente involucra al alma y al espíritu.

LOS ENCUENTROS ÍNTIMOS JAMÁS SON ALGO SIMPLEMENTE FISIOLÓGICO, NI EN EL MATRIMONIO NI FUERA DE ÉL

El autor Mike Mason dice:

"Intimidad es tocar la parte más secreta de tu cónyuge con tu parte más privada. Es algo que va más allá del toque físico de dos cuerpos, es ir al lugar donde cuerpo, alma y espíritu se unen para producir el milagro de la vida. Mi parte más secreta, con tu parte más privada"[15]. En el plan de Dios, no es solo sexo. Se trata de intimidad.

Hace tiempo leí acerca de la depresión que muchos jóvenes sufren al día siguiente de una noche de sexo casual. Esos chicos que buscan "ser libres" y "vivir su vida al máximo", se encuentran luego con una sensación de vacío, culpa y soledad, por de haberse unido a alguien con quien no tienen un compromiso eterno[16].

El Señor diseñó el sexo para que traiga placer físico, emocional y espiritual. Para que seas uno con tu pareja en todas los sentidos, no sólo físicamente. Y esto de ninguna manera puede alcanzarse en una relación temporal. El matrimonio es la única plataforma donde puede hacerse realidad.

Incluso si te encontraras en una relación de noviazgo seria, con miras a casarse, aún allí la intimidad sexual estaría distorsionada por el simple hecho de darse fuera del pacto matrimonial. Al estar fuera del diseño de Dios, inevitablemente se irían produciendo daños emocionales y espirituales de forma paulatina.

Imagínate: Si comer o jugar futbol son actividades que exceden el aspecto "solo físico", ¡cuánto más el sexo! No le creas al mundo. Los encuentros íntimos jamás son algo simplemente fisiológico, ni en el matrimonio ni fuera de él. En la medida en que te deshagas de este mito y asimiles la verdad, estarás en camino de disfrutar más tu soltería, y de ser un mejor cónyuge algún día.

Hay algunos hombres que enarbolan la bandera de este mito como si hablaran de la Tercera Ley de Newton. Van por ahí diciendo con una seguridad asombrosa que, fisiológicamente, un hombre que no eyacula al menos cada 72 horas, enfermará. ¿Qué dicen los médicos? ¿Qué dice la Biblia?

La biología

Recuerda lo que aprendiste en tu clase de ciencias. En los adolescentes la producción de semen es alta, y el cuerpo (perfectamente diseñado por Dios) tiene una manera natural de liberar espacio cuando se acumula demasiado: una emisión nocturna involuntaria, durante las horas de sueño profundo. Dicho de otra forma, ¡ningún chico explotará porque no ha eyaculado con una chica, o porque no se ha masturbado!

NI EL SOLTERO NI EL CASADO ENFERMARÁN POR FALTA DE SEXO. NO ES UNA CUESTIÓN DE VIDA O MUERTE

Por otra parte, una persona casada está habituada a tener relaciones varias veces a la semana, por lo que ha generado una especie de "memoria muscular", es más sensible al estímulo, y por ello tiene un impulso sexual alto. Una persona soltera que no está habituada, no tiene tanta predisposición y no está condicionada, así que su impulso sexual es mucho más bajo (aunque te parezca difícil de creer). Pero puedes tener la completa seguridad de que ni el soltero ni el casado enfermarán por falta de sexo. No es una cuestión de vida o muerte, como respirar o beber agua. Así que, aunque los jóvenes sientan que las hormonas les hierven por las venas, deben saber que son perfectamente capaces de dedicarse a otras actividades sin enfermar.

El altar al hedonismo

¿De dónde surge el mito de la "necesidad fisiológica"? De la incomodidad. Cualquier hombre o mujer que haya estado en un estado de excitación muy alto sin completar el ciclo mediante un orgasmo, te podrá decir que es muy incómodo. Hay una sensación de sofoco, y un dolor pélvico/genital. Lo que sucede es simple: el cuerpo se había preparado para ejecutar una función completa, y se quedó "a medias". Por eso surge ese malestar. Es algo parecido a tener un estornudo atorado. Tal vez ya lo hayas experimentado.

Ahora bien, ese malestar de no completar el ciclo es sumamente incómodo, pero de ninguna manera significa que vas a enfermar o morir. Lo que pasa es que, en nuestra cultura hedonista, tratamos de evitar por todos los medios cualquier cosa que nos cause incomodidad. Es por eso que nadie quiere un dolor pélvico o genital, ni aguantarse las "ganas", ni tener que esperar hasta el matrimonio…

(De paso, quiero aclarar aquí que el sexo sí es una necesidad para el matrimonio, pero es una necesidad emocional y espiritual, no del cuerpo).

Paciencia y dominio propio

"Es mejor ser paciente que poderoso; mejor es dominarse a sí mismo que conquistar una ciudad".

Proverbios 16:32

En este texto el Señor nos dice que estos rasgos de carácter (la paciencia y el dominio propio) son incluso mejores que tener la autoridad de un comandante. Son algo más deseable que ir por ahí conquistando ciudades, como en una partida de *Call of Duty*. Y quiero que sepas algo muy importante: Cuando en la Escritura el Señor te sugiere que elijas algo, o te ordena que hagas algo, es porque eres capaz de hacerlo. El Señor nunca te pediría que hagas algo que no puedas hacer. ¡Eso sería muy cruel! Entonces, si el Señor te dice que te conviene ser paciente y dominarte a ti mismo, ¡es porque Él ya te ha dado la capacidad de lograrlo!

Josh McDowell lo explica de esta manera:

"La noción de que los jóvenes no pueden esperar es una lógica defectuosa porque ignora un punto importante. Somos seres humanos; no somos animales. Como seres humanos, somos creados a la imagen de Dios. Él nos ha dado la capacidad de tomar decisiones morales correctas.

Sí, tus hormonas son fuertes. Sí, puede ser difícil esperar, pero la conclusión es que el sexo es una elección. No eres un animal. Eres un ser humano con la capacidad dada por Dios para amar, pensar, crear y tomar decisiones".[17]

EL SEÑOR NUNCA TE PEDIRÍA QUE HAGAS ALGO QUE NO PUEDAS HACER

Algunos de los promotores de este mito te dirán que "le des el gusto al cuerpo", que en cuanto sientas el impulso biológico "te dejes llevar", que si te dan ganas, ¡adelante!, que no eres más que tus instintos, y que si tus hormonas te lo piden, no hay por qué ponerles límites.

Pero no eres un animal. Eres una persona. Y si has nacido de nuevo, eres un hijo de Dios, con dones espirituales, y con la capacidad de cumplir lo que el Señor te pide.

La verdad

Los solteros que creen este mito pueden clasificarse en dos grupos: los que han sido engañados y confunden la necesidad psicológica de conexión con una "necesidad fisiológica", y los que simplemente van por ahí persiguiendo sus propios deseos egoístas, sin nada de amor por los demás. Todo el enfoque de este segundo grupo está en el "yo", y en ningún momento consideran el sentir de la otra persona, o las consecuencias que sus acciones le puedan traer.

Sin embargo, mira las instrucciones que Pablo les da a los romanos:

"No tengan deudas con nadie, excepto las deudas de amor hacia otros. De hecho, quien ama al prójimo ha cumplido la ley, porque los mandamientos dicen: «No cometas adulterio», «no mates», «no robes», «no codicies»; esos, y todos los demás mandamientos, se resumen en este otro: «Ama a tu prójimo como a ti mismo». <u>El que ama no le hace mal a nadie y, por eso mismo, el que ama cumple perfectamente la ley.</u>

Tenemos que vivir así, sabiendo que el tiempo vuela. ¡Despertemos! Nuestra salvación está más cerca ahora que cuando creímos por primera vez. La noche ya está terminando y el nuevo día despuntará *pronto. Por eso, dejemos de actuar en las tinieblas y vistámonos la armadura de la luz. Seamos siempre decentes, como si anduviéramos a la luz del día. No gastemos el tiempo en orgías y borracheras, ni en inmoralidades sexuales y libertinajes, ni en pleitos y envidias. Más bien, <u>revístanse ustedes del Señor Jesucristo, y no busquen satisfacer los deseos de su naturaleza pecadora</u>".*

Romanos 13:8-14 (Énfasis del autor)

Como ves, el amor es lo que debe destacar en todas nuestras relaciones interpersonales, ya sea que seamos solteros o casados. El que quiera cumplir la ley de Dios necesita amar, porque sin amor la ley no se cumple completamente. Y el último verso es muy claro: no debemos buscar satisfacer nuestros propios deseos pecaminosos, sino vestirnos de Cristo (es decir, tener las actitudes que tendría Jesús al tratar a los demás).

Recuerda: tu impulso sexual no es pecado. Es normal, e indica que tu cuerpo funciona bien. Pero tu impulso sexual se convierte en pecado cuando se infecta de egoísmo. Entonces deja de ser una función corporal normal y se transforma en una expresión de la naturaleza carnal, porque ya no te importa la otra persona, ni tampoco te importa el plan de Dios, sino que solo te importa tener lo que tú quieres, como tú quieres, y cuando tú quieres. Necesitas pensar *primero* en la otra persona, amarla, y velar por sus intereses.

En griego, la palabra traducida como "amar" proviene del verbo *agapao*, que *"expresa el amor profundo y constante y el interés de un Ser perfecto hacia objetos completamente indignos; en ellos, esto produce y fomenta un amor reverencial hacia el Dador, y un amor práctico hacia aquellos que son partícipes del mismo"*[18].

Esta clase de amor es el que Dios tiene por Jesús, por sus hijos, y por toda la humanidad, y es también la clase de amor que se espera que nosotros tengamos por el Señor y por el prójimo. Es un amor desinteresado, abnegado y sincero.

Cierta vez escuché a un mentor de adolescentes decir que el verdadero amor no solo son los besos o el sexo, sino que el verdadero amor también es sujetarle el cabello a tu esposa mientras vomita cuando está enferma. ¡Me pareció una gran ilustración para los jóvenes!

EL SEXO NO ES UNA NECESIDAD VITAL, Y SÍ SE PUEDE SER UN SOLTERO CONTENTO Y SATISFECHO

Tal vez en este momento tú estés pensando: "¡Pero es que se siente fatal estar en medio de un beso y saber que hay que controlarse! No quiero sentir ese dolorcito… y además llega un momento en el que es casi imposible detenerse". A esto, yo te respondería: "¿Quieres ahorrarte esa incomodidad pélvica/genital? ¿Quieres evitar ese punto donde no sabes si podrás detenerte? ¡Pues entonces no te metas en una situación en la que tu excitación suba sin control!". Así de simple.

El Pastor Adrián Rogers solía decir que "los cristianos que no quieren caer, no deberían caminar por lugares resbalosos". ¡Es una buena frase para recordar!

La verdad es que el sexo no es una necesidad vital, y sí se puede ser un soltero contento y satisfecho. Recuerda a José en casa de Potifar, recuerda a Pablo, a Timoteo y al mismísimo Jesús. Todos ellos sabían que podían controlarse y que, aunque tenían un cuerpo sexual, también tenían un espíritu y un alma conectados con el Padre. Ellos tuvieron la capacidad de ejercitar sabiduría, paciencia, amor y dominio propio. Ellos y muchos otros vivieron su soltería con gozo, con fuerza y con fervor, priorizando hacer la voluntad del Padre. Resistieron la tentación, se enfocaron en trabajar para el Señor, se fortalecieron en Su presencia el día de la angustia, ¡y lo lograron! Tú también puedes hacerlo.

MITO 6: LAS MUJERES NUNCA QUIEREN

Tal vez has escuchado esa frase que dice que "los muchachos llegan hasta donde las chicas les permiten". Esta frase básicamente implica que una chica, si es decente, debe ser la responsable de detener los avances sexuales de su enamorado (porque ella sabe lo que es correcto y, aparentemente, él no). Este mito tiene algunas variantes, todas ellas igualmente equivocadas. Ejemplos de estas variantes son:

"Los hombres son unos lobos"

Aquí se asume que los chicos son unas bestias sin control que ven a cada jovencita como una presa. Es cierto que la etapa de la juventud es cuando los muchachos tienen sus hormonas sexuales funcionando al máximo... pero también hay que reconocer que no todos andan babeando, obsesionados con las chicas.

Te daré un ejemplo de una película ochentera que tal vez conozcas: *Volver al futuro*. En ella hay tres varones de 17 años que se sienten atraídos por una chica. Biff es un joven vulgar, agresivo, que maltrata a la chica que le gusta porque solamente piensa en sus propios deseos sexuales egoístas. George es un joven enamorado pero tímido, que suspira por la chica y busca la manera de acercarse a ella. Quiere hacer lo correcto, pero necesitaría trabajar más en su carácter y su confianza. Marty es un joven enamorado, sociable y precoz, con mucha confianza en sí mismo, que trata durante toda la película de reencontrarse con su novia para escabullirse al lago el fin de semana. Aunque la película no es bíblica, quiero que veas algo: Cada varón es diferente. No todos se aproximan a las chicas de la misma manera.

¿Conclusión? Tanto dentro como fuera de la iglesia hay chicos que sí pueden comportarse con gentileza. No todos los hombres son iguales. Y no todos los chicos son lobos depredadores.

"Las chicas son de plástico"

Este mito se ubica en el otro extremo, y asume que las chicas vienen de fábrica *sin* el chip del impulso sexual incluido. (¡Los que creen en esto olvidan que Dios incluyó el chip en ambos!).

¡LAS CHICAS TAMBIÉN BATALLAN CON LA TENTACIÓN!

La consecuencia de este mito es que a las mujeres se les enseña a apagar sus impulsos sexuales. "Las niñas buenas no se excitan", o "Las chicas espirituales piensan en la oración, no en el abdomen de su novio" son frases que se basan en este mito. Y el único versículo de Cantares que se les enseña a las chicas es el que habla de "no despertar al amor". ¿Qué sucede entonces? Que las mujeres se sienten mal por tener deseos. Y tanto se les insiste en esto cuando son solteras, que al llegar al matrimonio les cuesta mucho trabajo cambiar del rol de "¡Mantente virgen!" de "¡Excítate y disfruta con tu esposo!".

Para empeorar aún más las cosas, muchos autores y

predicadores cristianos enseñan que la mujer no tiene deseos sexuales; que solo quiere flores y pequeños gestos de cariño. Que las buenas cristianas, casadas o solteras, son siempre recatadas y modositas.

Aunque es cierto que las mujeres no tienen tanta testosterona como los hombres, sí tienen la cantidad suficiente como para tener un impulso y excitarse. No pienses que las chicas son de plástico. ¡Las chicas también batallan con la tentación! Y ojo: que una chica "sienta", no la convierte en fácil o vulgar.

LA CHICA ESTÁ DEMASIADO OCUPADA INTENTANDO LIDIAR CON SUS PROPIAS PASIONES, COMO PARA TAMBIÉN TENER QUE DOMAR EL DESEO DESCONTROLADO DE SU NOVIO

En el libro de Cantares vemos a una esposa con una actitud positiva ante el sexo. ¿Crees que ella se convirtió en esa súper amante por arte de magia cuando pronunció las palabras "Sí, acepto" en el día de su boda? ¡Claro que no! Ella siempre fue así. Siempre tuvo un impulso sexual, y ese seguramente fue uno de los factores que la llevó a enamorarse y a querer casarse.

(Y si volvemos al ejemplo de la película, Lorraine y Jenni, las chicas que les gustaban a los chicos que mencionamos antes, sí sentían atracción sexual. ¡Ellas no eran de plástico!).

El portero de cadenas

Ahora piensa en un castillo. Uno como esos de los cuentos, que tienen un puente levadizo para cruzar el foso lleno de agua (y cocodrilos) y poder ingresar. En la época medieval, el "portero de cadenas" era el encargado de subir y bajar el puente y de abrir la gran reja, para permitir el acceso al castillo. Esta persona decidía quién entraba y quién no.

Hoy en día, en lo que respecta al sexo, este trabajo se les ha encomendado a las chicas. Se les ha enseñado que ellas son las responsables de decidir hasta dónde sí, y hasta dónde no. Pero déjame decirte algo: ¡Para mí esto luce como abuso emocional! ¿Por qué? Porque se niega el derecho de la chica a excitarse. ¡Se invalidan sus emociones! Y además se la hace responsable de la conducta de su novio, como si fuera su mamá. (¡Y obviamente no lo es!).

Esto es cargar a la chica con un trabajo que no le corresponde. Ella está demasiado ocupada intentando lidiar con sus propias pasiones, como para también tener que domar el deseo descontrolado de su novio. ¡En ninguna parte de la Biblia dice que ese sea el trabajo exclusivo de la mujer! Cuando el Señor habla de castidad, de fornicación, o de inmoralidad sexual, siempre les habla a ambos, hombres y mujeres.

La verdad

1) La verdad para los varones:

Querido joven, solamente tú eres responsable de tu vida sexual. Tú sabes si eres Biff, George, Marty, o quién eres. Y recuerda que la chica que te gusta también tiene deseos, no es de plástico. No le dejes a ella todo el trabajo de cuidar la castidad de la relación amorosa. Es trabajo de ambos. Ella es responsable por su impulso, y tú eres responsable por el tuyo. Y no te pongas como reto personal el convencerla de "bajar el puente". A las chicas no les gusta ser obligadas ni forzadas, y tal vez tú eres muy competitivo pero ella no es un concurso. Si en alguna ocasión ella es demasiado sugerente contigo y ves que está cediendo a la tentación, tú puedes ponerle un alto, con cortesía y gracia. Eso es amor. Y si en otra ocasión tú eres quien siente que la pasión está al tope, no le eches la culpa a ella, ni digas "Ah, pues como no se niega, prosigamos...". No. Tú puedes orar, detenerte, salir a que te dé un poco de aire fresco, tomar un vaso de agua, huir como José... ¡lo que sea necesario!

Mira lo que dice la Biblia:

> *"Huye de todo lo que estimule las pasiones juveniles. En cambio, sigue la vida recta, la fidelidad, el amor y la paz. Disfruta del compañerismo de los que invocan al Señor con un corazón puro".*
>
> 2 Timoteo 2:22 (NTV)

En este versículo Pablo está instruyendo al joven Timoteo, quien tenía la pesada tarea de ser el pastor de la iglesia de Éfeso. Observa cómo Pablo no le prohíbe el compañerismo ni la vida social. No le está diciendo que evite todo contacto con las chicas. Le está diciendo que cuide que su vida social esté marcada por el fruto del Espíritu Santo, y también le está diciendo

SOLAMENTE TÚ ERES RESPONSABLE DE TU VIDA SEXUAL

que huya de todo lo que estimule las pasiones juveniles. (Estas pasiones son de diversa naturaleza, pero aquí nos vamos a enfocar en la tentación sexual).

La palabra traducida como "huir" es el griego *feugo*, que significa huir, migrarse, esquivar o desterrar. Observa cómo Pablo tampoco le dice a Timoteo que enfrente o combata la tentación. ¡No! ¡Él le dice que salga corriendo, tal como José cuando huyó de la esposa de Potifar! Y, por supuesto, tampoco le dice: *"Si la chica se ofrece, ¡aprovecha!"*, ni *"Si caes, es culpa de ella"*. No. Pablo ni siquiera menciona a la chica. Pablo le habla a Timoteo de su propia responsabilidad y de lo que él tiene que hacer. En la Biblia, Dios siempre trata directamente con nuestro propio pecado y tentaciones, no con las de los demás.

Así es, amigo. Es cierto que tú tienes una gran cantidad de testosterona fluyendo por tu cuerpo, y seguramente tu impulso sexual es alto, ¡y eso está bien! Simplemente recuerda que puedes trabajar en colaboración con Dios para canalizar esa testosterona de una manera edificante (ya que es una energía que puede ser usada para otras actividades) mientras guardas tu pureza sexual.

2) La verdad para las mujeres:

Querida amiga, ¡sé que no eres de plástico! Sé que también tienes emociones y sensaciones fisiológicas. Sé que sueñas con tener un príncipe azul, y sé cómo te sientes cuando lo miras caminando hacia ti. Quizá no eres de esas chicas que se excita fácilmente, o tal vez sí. Cualquiera sea tu caso, quiero decirte algo muy importante: ¡no te sientas culpable porque tu cuerpo reacciona! Eso es normal, es diseño de Dios, es parte de ser creada a su imagen y semejanza, con un propósito eterno y hermoso. Dios te hizo mujer, y te hizo un ser sexual. Recuerda que ese impulso sexual te permite que un chico te guste, te enamores y desees casarte con él. Ahora lo importante es qué haces con ese impulso sexual mientras estás soltera. No se trata de negar el deseo, sino de saber detectarlo y canalizarlo en otras actividades, como por ejemplo en servir al Señor. La idea es que, a pesar de tus hormonas, no vayas por ahí provocando y seduciendo chicos. Y si eres de esas chicas que palpita al ver llegar a su galán, toma medidas sabias para que la situación no se salga de control.

Como ya dije, al igual que los varones, tu trabajo es canalizar esta pasión en otras cosas mientras esperas hasta el momento del matrimonio. Pero dado que la culpa es una carga más común entre las chicas, tengo un texto adicional para ti.

"Porque a mis ojos eres de gran estima, eres honorable y yo te he amado…".

Isaías 43:4a (RVR95)

Este texto fue escrito originalmente para la casa de Judá, en los días de los reyes. Pero el día de hoy tú puedes aprender algo de este texto: Eres importante para Dios. Eres digna de ser amada por el Padre tal y como eres (ya sea que tengas poco o mucho impulso sexual). El Señor diseñó tu cuerpo de cierta manera, única y particular, pero de todos modos tu valor no depende de tu cuerpo, sino del hecho de que fuiste creada a la imagen de Dios. Y, si ya naciste de nuevo, tu valor radica en que fuiste rescatada por Jesús. ¡Él te hace aún más valiosa!

Una nota para el futuro

Permíteme explicar mejor algo que mencioné brevemente antes: Hay mujeres que tienen un deseo sexual más alto que los hombres promedio, y esto es perfectamente normal. Este tipo de mujer no es ninfómana, ni loca, ni pecadora. Simplemente hay mujeres así, de la misma manera que las hay con cabello rizado o lacio. No es algo ni mejor ni peor.

SIMPLEMENTE RECUERDA QUE PUEDES TRABAJAR EN COLABORACIÓN CON DIOS PARA CANALIZAR ESA TESTOSTERONA DE UNA MANERA EDIFICANTE

Durante los años de soltería esto tal vez no sea muy notorio, pero ya en el matrimonio la situación puede llegar a sorprender ambos cónyuges. La Dr. Juli Slattery lo explica de la siguiente manera: *"Muchas mujeres se han visto expuestas durante años al estereotipo de que 'los hombres siempre quieren sexo', y dan por sentado que sus esposos lo iniciarán y les apetecerá constantemente. Cuando no es así, se sientan en silencio y hacen una lista de todas las cosas que deben estar mal en ellas. ¡Basta de eso!"*[19]. Además, hay un estudio que revela que aproximadamente en 1 de cada 5 matrimonios sanos (sin enfermedades ni conflictos), la esposa tiene un deseo sexual más alto que su esposo[20] y eso es completamente normal.

También hay algunos hombres que tienen un impulso ligeramente menor que el promedio. Dejando fuera las causas por enfermedad u otros problemas que realmente obstaculicen su libido, esta puede ser la normalidad de un hombre saludable.

3) La verdad para ambos:

Hombres y mujeres pueden desear y excitarse, como parte del diseño perfecto de Dios. Pero ambos son responsables de identificar y canalizar sus impulsos para mantenerlos sujetos al Espíritu Santo. Mira lo que dice la Biblia al respecto:

> *"Así que les aconsejo que vivan por el poder del Espíritu. De esa manera no obedecerán los deseos de la naturaleza pecaminosa, porque esta va en contra de lo que el Espíritu quiere, y el Espíritu desea lo que va en contra de la naturaleza pecaminosa. Estos dos se oponen entre sí, y por eso ustedes no pueden hacer lo que quieren".*

Gálatas 5:16-17

Luego a partir del versículo 19 empieza la lista de las obras de la carne, y la primera de ellas es la inmoralidad sexual. Insisto: No se trata de negar que hay impulso, sino de ponerlo al servicio del Espíritu de Dios. Se trata de permitir que Cristo sea el Señor de tu deseo sexual, que el Señor te dé el poder para no obedecer a la naturaleza pecaminosa, y para vivir tu vida conforme a la Escritura. Se trata de que no quieras vivir como vive el mundo, sino que busques hacer su voluntad también en esta área. Se trata de que tengas una comunión tan fuerte con el Señor, que el dominio propio sea un fruto natural de tu relación con Él.

El mito de que las mujeres nunca quieren (y los hombres siempre) confunde tanto a solteros como a casados. ¡Deshazte de esta mentira, y permite que Espíritu de Dios gobierne toda tu vida, incluido tu deseo sexual!

Seguramente conoces al típico personaje masculino que es un amante fabuloso y tiene a todas las chicas locas por él. Parece que nació con el gen de "ser bueno en la cama". James Bond solía ser uno de estos. O tal vez hayas conocido una chica que es una "*femme fatal*". Cuando yo estaba en el bachillerato, había una chica a la que apodaban "la tumba hombres" porque, según decían, los muchachos quedaban en la lona ante sus encantos seductores y "su magia" en la cama. Lamentablemente, este tipo de mitos son tan populares como dañinos. Veamos si podemos desenmascarar el engaño…

POR ALGUNA BOBA RAZÓN, PARECE QUE LA GENTE PIENSA QUE NO ES NECESARIO APRENDER A TENER RELACIONES SEXUALES

La habilidad innata

Esta falsa creencia es muy común. Muchos creen que nacemos con una "habilidad innata" para ejecutar el acto sexual, así como nacemos con la habilidad para respirar, deglutir u orinar. Pero la realidad es que… ¡hay que aprender todo! Si haces memoria, verás que tuviste que aprender a sentarte, a caminar, a hablar, a masticar la comida, a atarte los zapatos, a distinguir la derecha de la izquierda, a leer, a tener buenos modales, a esperar tu turno, a mecerte en el columpio sin ayuda, a preparar un sándwich… ¡y mil etcéteras! Pero, por alguna boba razón, parece que la gente piensa que no es necesario aprender a tener relaciones sexuales, sino que el instinto te dirá en su momento qué hacer. (Recuerda que no eres un animal guiado por el instinto. Eres una persona, y como tal necesitas aprender todo lo referente a esta vida).

Tal vez tú estés pensando: "¡Pero vamos! ¡Si hasta el más ignorante sabe que el pene va en la vagina!". Es cierto, pero el acto sexual es mucho, mucho, mucho más que eso. Por ejemplo, todos tenemos la idea general de que para andar en bicicleta hay que subirse y pedalear, ¿verdad? Y tenemos la idea de que para conducir un auto hay que pisar el acelerador y dirigir el volante. Y tenemos la idea de que para asar carne hay que ponerla en la parrilla, sobre carbón encendido. Pero… ¿cuántos de verdad somos hábiles para andar en bicicleta, conducir un auto, o preparar un asado o una barbacoa? ¡No es lo mismo tener una vaga idea, o suponer que sabes lo que hay que hacer, que realmente saber hacerlo… y hacerlo bien! (Por otra parte, ampliando la metáfora, habría que considerar que "la bicicleta" también tiene sentimientos y gustos que hay que tomar en cuenta… ¡No se trata solo de ti!).

La omnisciencia masculina

En este mito se asume que los varones, por el simple hecho de haber nacido hombres, saben todo lo que hay para saber respecto al sexo. Y claro, muy pocos hombres reconocen que necesitan aprender, pero lo cierto es que todos ellos necesitan capacitarse en sexualidad bíblica y fisiología femenina. Tal vez un joven sea experto en su propio cuerpo, pero probablemente sepa muy poco acerca de las respuestas sexuales de la mujer. Y es más… Algún día necesitará aprender *específicamente* sobre las respuestas de su esposa porque, ¿qué crees? ¡Cada mujer funciona de manera ligeramente diferente!

¿Y qué ocurre con las chicas? Bueno, que al dar por sentado que los hombres saben todo lo que hay para saber del tema, entonces nosotras tampoco nos capacitamos… por lo que vivimos la soltería en ignorancia, y llegamos al matrimonio pensando que él tendrá todas las respuestas, ¡incluso las relativas a nuestro cuerpo!

Luego, ya cuando estamos casados, si algo sale mal se producen estas conclusiones:

* Esposo: Soy hombre, por lo tanto traigo el instinto de saber qué hacer y de hacerlo súper bien. Si algo sale mal, seguramente es un problema en mi esposa.

* Esposa: Mi marido seguramente sabe todo lo necesario respecto a su sexualidad y la mía. Si algo sale mal, entonces debe ser mi culpa… debo estar defectuosa.

¿Qué logramos con todo esto? Que en lugar de que el sexo sea el pegamento que une al matrimonio, sea algo que los separa emocionalmente.

La pauta masculina

El Señor creó al hombre y a la mujer a su imagen, iguales en dignidad, en llamado, en comunión… pero los creó diferentes en otras áreas. Los cuerpos son diferentes en su aspecto, funcionamiento y respuesta sexual. Lo que excita un chico no necesariamente es lo que excita a una chica. Lo que hace que

MICHELLE ESPINOZA DE MEJÍA

un hombre llegue al orgasmo no necesariamente funciona en el cuerpo de una mujer. ¡Y no nacemos sabiendo esto!

Muchos matrimonios (cristianos y no cristianos) se han destruido porque ambos creen que su vida sexual debe funcionar desde la perspectiva masculina. Que las cosas son como funcionan para los hombres. Que la esposa es feliz con lo que le gusta a su esposo. Este mito es reforzado por las escenas amorosas de películas y series, porque la mayoría de los guiones son escritos por hombres. Entonces tú ves la escena y crees que todas las parejas funcionan como el guionista escribió… ¡Pero la verdad es que la vida real no es así!

Un caso práctico

A veces se juntan dos mitos: "las mujeres nunca quieren" y "la omnisciencia masculina". En memes y shorts a menudo se presenta la idea de que muchas esposas no se entusiasman con el sexo. Una causa muy común de este "problema" es el "analfabetismo sexual":

-El esposo no ha aprendido a complacer a su esposa, así que ella no desea participar en una actividad monótona, extenuante o incluso dolorosa. (Sí, el sexo mal ejecutado duele).

-La esposa no ha aprendido que es libre para identificar la pauta de su propio cuerpo y libre para guiar a su esposo.

¡¿Por qué será que hacemos memes en lugar de educarnos?!

La verdad

En 1999 se estrenó la película *Matrix*. En ella, cuando los personajes necesitaban aprender algo, simplemente requerían que el operador diera un click en la computadora, e instantáneamente adquirían el conocimiento o la habilidad indicada. ¡Qué genial sería eso en la vida real! Pero aquí estamos, reconociendo que tenemos que estudiar para aprender, incluso sobre sexo...

En este momento quisiera pedirte que hagas una pausa y medites en todo lo que has leído hasta este capítulo. Considera cómo Dios diseñó un hermoso plan para tu vida sexual. Lamentablemente, en el camino se presentan obstáculos diversos, y uno de ellos es la ignorancia. ¡Creemos que sabemos todo cuando realmente no es así!

Lo lamento profundamente si tus papás o pastores no te han instruido diligentemente. Lo que sucede en algunas ocasiones es que los adultos no abordan el tema por temor a "hablar de más", o a revelar demasiada información. En lo personal, yo creo que esto es prácticamente imposible. Creo que nunca podríamos decir más de lo que ya te han dicho los medios de comunicación. Nunca podremos igualar la cantidad de mensajes sexuales a los estás expuesto cada semana.

POR CADA VERDAD SOBRE EL SEXO QUE ENSEÑEMOS, TÚ HABRÁS RECIBIDO 100 MENTIRAS EN CANCIONES Y REDES SOCIALES

Por cada mensaje que nosotros demos desde la Iglesia, probablemente tú habrás visto 100 en streaming. Por cada verdad que enseñemos, tú habrás recibido 100 mentiras en canciones y redes sociales.

Por eso el ministerio Enfoque a la Familia les dice a los padres: *"Si no eres oportuno al compartir los hechos de la sexualidad con tu hijo, sus primeras impresiones podrían provenir de un compañero desinformado, un niño mayor depredador o un programa de educación sexual que contradice los valores cristianos. Si no les das la información que necesitan, puede llegar el día en que ellos se enfrenten a situaciones sexuales para las que no está preparados intelectual o emocionalmente"*[21].

La ignorancia nunca es un buen aliado pero, irónicamente, la ignorancia muchas veces se disfraza de omnisciencia, y entonces erradicarla se hace todavía más difícil. No hay peor ignorante que el que está convencido de que sí sabe. Vuelve a leer la última frase. ¿Comprendes? Este día tú necesitas reconocer que todo, todo en esta vida necesita ser aprendido. Cuando reconocemos que no sabemos, estamos en una mejor posición para dejarnos enseñar por Dios y su verdad.

> *"El Señor dice: «Yo te instruiré y te guiaré por el mejor camino para tu vida; yo te aconsejaré y velaré por ti…".*
>
> Salmos 32:8

EL SEÑOR PROMETE ENSEÑARTE, PERO TÚ TIENES QUE DEJAR LA NECEDAD DE QUERER IR POR TU PROPIO RUMBO

¡Necesitas permitir que Dios te instruya! Él está disponible para entrenarte y guiarte, pero tú necesitas aceptar ese ofrecimiento. Cuando David escribió ese salmo, tenía en mente a una persona que vivía en la ignorancia de su pecado, pero que un día clamó al Señor y éste le respondió con una promesa de enseñarlo. Sin embargo, hay una advertencia en el verso siguiente…

> *"…No seas como el caballo ni como la mula que no tienen discernimiento*
> *y que necesitan un freno en la boca para no salirse del camino".*
>
> Salmos 32:9

El Señor promete enseñarte, pero tú tienes que dejar la necedad de querer ir por tu propio rumbo. Dios espera que llegues a ser *tan* instruido y con *tal* discernimiento que no necesites que nadie te jale riendas para mantenerte en el camino correcto.

> *"La palabra de Cristo habite ricamente en ustedes. Instrúyanse y exhórtense unos a otros con toda sabiduría…".*
>
> Colosenses 3:16a (RVC)

Observa la invitación a estudiar al Escritura, a instruirse y enseñarse mutuamente. ¡La ignorancia no es una opción para los discípulos, ni en temas sexuales ni en ningún otro! En el contexto, Pablo les estaba dando pautas para las relaciones interpersonales en general, las que podemos aplicar a la sexualidad. El problema es que muchos jóvenes creyentes no se han instruido con la sabiduría de Dios, sino que confunden lo bueno con lo malo y confunden el impulso sexual con amor verdadero. ¡Tanto es así que el 78% de los jóvenes creyentes en Estados Unidos piensan que la fornicación no es pecado "si hay amor"[22]! ¿Qué clase de "sabiduría" abunda en esos jóvenes? ¿Qué sabiduría hay en ti?

Yadá y Ginósko

Seguramente has leído en algunas traducciones que "Adán conoció a su esposa" o que María no comprendía cómo podría concebir al Mesías "si no había conocido varón". Las primeras veces que yo leí este tipo de versículos me reí, porque entendí que hablaban de sexo.

En hebreo, la palabra que se traduce como "conocer" es *yadá*. En el Nuevo Testamento, es la palabra griega *ginósko*.

Estas palabras se refieren a la clase de conocimiento que proviene de la observación, la información y la reflexión, pero sobre todo al conocimiento obtenido por experiencia propia. Nadie te lo cuenta; tú lo vives. Dicho de otro modo, estos vocablos implican un conocimiento integral:

- Es aprendizaje práctico, no teórico.

- Es recurrente, no se trata de una sola ocasión.

- El corazón se usa para aprender.

- Es progresivo y recíproco. (Conocemos poco a poco, y a la vez que conocemos, somos conocidos).

Además de emplearse como una alusión al sexo, este verbo se utiliza también cuando se habla de conocer al Señor. Se refiere a tener un conocimiento experiencial íntimo de Él. No a que alguien te hable de Dios, sino a que tú mismo, de primera mano, tengas esa relación estrecha con tu Salvador:

> *"Sientan orgullo sólo de esto: de conocerme bien y comprender que yo soy el Señor que exige vivir de manera justa y actuar siempre con rectitud, de saber que mi amor es firme, y que así me gusta ser".*
>
> *Jeremías 9:24*

Tanto en el caso del conocimiento de Dios como en el de los cónyuges, se trata de llegar se tanto que se produzca una unidad tan profunda que no se sepa dónde termina el uno y empieza el otro.

Entonces, ¿pueden tener *yadá/ginósko* mientras son novios? Claro que no. El Señor no planeó que nacieras sabiéndolo todo, sino que diseñó el "conocer" como un proceso de aprendizaje continuo y cercano, que se irá desarrollando de manera distinta en cada etapa. Ahora estás aprendiendo la teoría, los conceptos buenos y verdaderos, que es lo que necesitan aprender los solteros. Los detalles técnicos los aprenderás tras las puertas del matrimonio.

Y hablando de eso, te recomiendo que busques un curso prematrimonial cristiano en el que se hable de sexo. Es una buenísima inversión. Luego, después de la boda, podrás iniciar un divertido taller de práctica de *yadá/ginósko* que durará toda la vida. (Guiño-guiño).

En la región donde yo crecí, a algunos chicos, cumplida cierta edad, los llevaban con una prostituta. Era una especie de ritual de iniciación, para que "ganaran experiencia" y "no llegaran verdes (inmaduros) al matrimonio". También hoy en día hay muchos jóvenes y jovencitas que tienen sexo prematrimonial con su pareja "para ver si ya de casados serán compatibles sexualmente". ¿Es esto realmente necesario?

Una oda a la fornicación

Nos suele parecer extraño o gracioso cuando leemos que los griegos de hace dos mil años usaban el sexo como un ritual en el templo de sus dioses… ¡pero lo cierto es que las cosas no han cambiado mucho! Las personas en la sociedad actual siguen rindiendo sus cuerpos en el culto a sus dioses hedonistas. La cultura popular ha elevado la fornicación al nivel de un dios, y cada vez se presiona más a los chicos para que tengan sexo a edades más tempranas y con distintas parejas. Si no lo haces es porque eres un "virgen perdedor". ¿¿En qué momento ser virgen se convirtió en algo malo??

La experiencia necesaria

"El recién casado no irá a la guerra ni se le ocupará en responsabilidades especiales. Estará libre durante un año para estar en casa gozando con su esposa".

Deuteronomio 24:5

Cuando Dios le dio la Ley a Moisés, se aseguró de incluir este mandamiento. Los recién casados debían estar libres, en una especie de luna de miel de 12 meses, durante los cuales ellos podían conocerse, aprender a darse alegría mutuamente, y tal vez procrear un hijo. ¡El primer año es importante para el Señor! Sirve para iniciar el aprendizaje práctico de prueba y error. Sí… error. Porque la compatibilidad sexual no es algo que se encuentra, sino que se *construye* a través del aprendizaje mutuo y constante de los cónyuges, a lo largo del tiempo.

Ahora bien, vuelve a leerlo y verás que este versículo claramente enseña que la "experiencia necesaria" consiste en aprender *a partir del matrimonio* y *solo con el cónyuge*. ¡No antes, ni con otras personas! Así que, como te dije antes, lo único que necesitas tener antes del matrimonio es la teoría, y la disposición de "conocer" a tu cónyuge una y otra vez. (Nuevamente, guiño-guiño).

La verdad

El mito te grita que tengas experiencias sexuales antes del matrimonio y con diversas parejas. ¿Y qué te dice la verdad? Que esperes…

¿No te enfada a veces que todo lo que escuchas es "no, no, no"? Incluso en este libro ya lo has leído muchas veces. Te entiendo. Cuando yo tenía tu edad, realmente no lograba entender por qué el sexo prematrimonial era malo, y me molestaba que solo dijeran "no", pero no me explicaran nada más. Sin embargo, ahora ya lo comprendí, y por eso quisiera darte estas...

13 excelentes razones para esperar

1) EL SEXO SE DISEÑÓ PARA VIVIRSE EN UNA RELACIÓN DE PACTO

¿Recuerdas la importancia de los pactos que vimos en el primer capítulo? A través del sacrificio de Cristo, el Señor nos ofrece la posibilidad de una relación de amor con Él. Nos relacionamos con Dios a través de un pacto. Asimismo, el sexo fue diseñado para vivirse dentro del matrimonio, que es una relación de pacto entre un hombre y una mujer.

2) SI NO ESPERAS ESTROPEAS LA METÁFORA DIVINA

La mayor ansia del ser humano no es el amor de pareja, aunque así lo parezca si miras el mundo de hoy en día. El impulso sexual es en realidad una metáfora del deseo de nuestra alma de conectarse con el Señor. Si arruinas la santidad del amor de pareja, arruinas también la metáfora de la relación del ser humano con Dios.

3) SI NO ESPERAS ROMPES EL MAYOR MANDAMIENTO

"Si ustedes me aman, obedecerán mis mandamientos".
Juan 14:15

En Marcos 12:29-30 Jesús dice que el mayor mandamiento es

amar a Dios con todo nuestro ser. Al salirte del diseño de Dios, demuestras que no lo amas. Al hacer con tu vida sexual lo que te da la gana, le dices a Dios: "Mis urgencias sexuales son más valiosas que tú. Me importa más lo que yo quiero que lo que tú quieres. Mi verdadero dios es mi impulso sexual". ¡Y ahí tenemos un problema muchísimo más grave que perder la virginidad! Se trata de infidelidad espiritual, que es darle a otra cosa o persona el lugar que solo le corresponde a Dios.

4) CADA DECISIÓN SEXUAL ES UNA DECISIÓN ESPIRITUAL

"El Señor le dijo a Oseas: «Ve y cásate con una prostituta, y ten hijos con ella. Esto ilustrará la forma en que mi pueblo me ha sido infiel, cometiendo abiertamente adulterio contra mí al rendir homenaje a otros dioses»".

Oseas 1:2

No se puede separar la sexualidad de la espiritualidad. Para Dios, fidelidad espiritual y fidelidad sexual son dos caras de una misma moneda. Cada decisión sexual es también una decisión espiritual, para bien o para mal. Cuando eliges entre la integridad sexual y el libertinaje, estás tomando decisiones no solo sobre tu cuerpo, sino también sobre tu espíritu. El sexo no se trata solo de sexo. La manera en que te conduces en tu vida sexual habla mucho sobre cómo te conduces en tu relación con Dios. Lo que crees acerca de la sexualidad refleja lo que crees acerca del Señor.

5) ESPERAR TE BRINDA PROTECCIÓN EMOCIONAL

"No pierdas de vista mis palabras, grábalas en lo más profundo de tu corazón (…) Sobre todas las cosas cuida tu corazón, porque de él brota la vida".

Proverbios 4:21, 23

Estos versos hablan de la importancia de aplicar la Escritura a tu alma. ¡Tu alma es muy importante para el Señor! Y como la actividad sexual fue diseñada para vivirse en una relación de pacto, hacerlo fuera de éste afecta tu alma, debido a que el pecado hiere profundamente. La intimidad sexual es el escenario donde eres más vulnerable, no solo porque las personas están desnudas físicamente, sino porque su alma y su espíritu también están desnudos.

LO QUE CREES ACERCA DE LA SEXUALIDAD REFLEJA LO QUE CREES ACERCA DEL SEÑOR

Muchos jóvenes y jovencitas terminan con el corazón roto porque a "su bombón" no le gustó el aspecto de su cuerpo desnudo, o porque se aburrió, o porque encontró a alguien que le gusta más, o quiere a alguien más sexy, o ya obtuvo lo que quería y luego perdió el interés. Además, nada asegura que si tienes sexo con "tu cielito", luego se vaya a casar contigo. Y entonces, ¿cómo queda tu corazón?

6) NO ESPERAR TRAE CULPABILIDAD Y PROBLEMAS DE CONFIANZA

"Aunque en ese tiempo el hombre y la mujer estaban desnudos, no se sentían avergonzados… Pero Dios el Señor llamó al hombre y le preguntó: -¿Dónde estás? (…) El hombre le contestó: -Oí que andabas por el

jardín y me dio miedo, pues estoy desnudo. Así que me escondí".

Génesis 2:25, 3:9-10 (NTV)

Al igual que como les sucedió a Adán y Eva, la culpabilidad aparece en todos los creyentes que ceden al pecado. En el fondo, sabes que la Biblia advierte sobre la inmoralidad. Por eso te sientes sucio y la paz desaparece. Y si además en la iglesia te han dicho "no lo hagas", la culpa crece...

Dentro del matrimonio, la vulnerabilidad es algo bueno. Es parte de entregarse sin reservas. Pero fuera de él, la vulnerabilidad se vuelve una zona de peligro. Ya no estás seguro de que puedes ser tú mismo al 100%. No sabes si confiar en la otra persona, si cuidará tus sentimientos, o si te será fiel[23].

Como el nivel de compromiso fuera del matrimonio es diferente, la experiencia es totalmente diferente. Debra Fileta dice: *"La falta de compromiso (matrimonial) genera miedo, confusión e incluso una profunda sensación de soledad. Sentimientos de desconfianza y culpa se infiltran en la relación, y finalmente separan a dos personas a través del mismo acto que fue diseñado para unirlos"*[24].

7) ESPERAR AYUDA A PRESERVAR EL EDÉN

¿Recuerdas que vimos que *Edén* significa placer? El problema es que tener sexo con una persona que no es tu cónyuge crea un efecto dominó. No conoces sexualmente a la persona. Por lo tanto, no obtienes mucho placer. Por lo tanto, te haces una mala idea del sexo. Por lo tanto, el día que te casas llegas con una idea distorsionada, con ese estándar bajísimo. Por lo tanto, te privas de todo el placer que el Señor planeó. Por lo tanto, el sexo de tu matrimonio es mediocre.

Además, la realidad es que la actividad sexual fuera del matrimonio y "vivir en unión libre", *no* ofrecen una satisfacción alta. Un estudio reveló que las parejas sexualmente más satisfechas son la que están entre los 50 y 60 años de edad, porque llevan mucho tiempo de casados y ya se conocen lo suficiente como para complacerse mutuamente[25].

8) NO ESPERAR GENERA FALSAS EXPECTATIVAS

Una expectativa es una idea que está en nuestra mente y que asumimos que se materializará. Puede ser correcta o incorrecta, puede ser muy alta o muy baja. El tema es que las expectativas sexuales suelen estar basadas en las experiencias previas. Cuando tu primera experiencia sexual se realiza fuera del pacto matrimonial, la norepirefrina "graba" cómo fue la experiencia. Luego, cuando llegas al matrimonio, las condiciones y el escenario son diferentes, pero tú crees (para bien o para mal) que los resultados serán similares a los del pasado. Sin embargo, dado que el escenario cambia (y, a veces, los actores también), entonces el resultado cambia. Esto sucede aunque solamente tengas relaciones con la persona con quien después te casarás.

Debra Fileta dice: *"Las expectativas creadas por el sexo fuera del matrimonio están cambiando porque las citas, por su propia naturaleza, son una etapa de transición más que de permanencia. Las expectativas que se establecen durante ese período de transición se basan en una variable que finalmente cambiará, haciendo imposible seguir cumpliendo con las expectativas sexuales que se establecieron en el pasado. Estas expectativas afectarán tu vida sexual conyugal al imponerte a ti o a tu cónyuge exigencias que ya no pueden cumplir (dado que se basaron en una relación de transición que finalmente ha cambiado), causando estrés, vergüenza y aislamiento emocional o incluso físico"*[26].

9) SI NO ESPERAS, CREAS UNA FALSA INTIMIDAD

"La intimidad sexual es algo más que pasión, emociones y hormonas en acción. El acto sexual debería ser el resultado de la verdadera intimidad integral. No debería ser el cimiento sobre el que se empiece a construir la intimidad"[27].

La intimidad emocional se construye de manera natural y progresiva con el paso del tiempo y la convivencia. No lo puedes forzar, porque entonces no sería intimidad verdadera. Sí, estarás desnudo(a) con "tu bombón", pero aún no habrás alcanzado la intimidad genuina. La desnudez no produce intimidad real. A la intimidad no la puedes apresurar de manera artificial. No existe la intimidad de microondas. Se tiene que ir dando con el tiempo, de forma natural.

10) SI NO ESPERAS, DISFRAZAS LOS DEFECTOS DEL OTRO

"Los sabios son precavidos y evitan el peligro; los necios, confiados en sí mismos, se precipitan con imprudencia".

Proverbios 14:16 (NTV)

Construir una buena relación interpersonal requiere que seamos sabios, y no necios que se precipitan. La soltería o el noviazgo son tiempos para cultivar la amistad. También sirven para trabajar en convertirnos en la persona ideal (¡en vez de buscarla!). Tú tienes que conocerte, crecer, madurar, y también tienes que conocer a la otra persona a través de la observación y de pasar tiempo juntos.

"Toda relación debe someterse a presiones saludables para desarrollar la intimidad y descubrir de qué está hecha realmente: las presiones de la familia de origen, las expectativas, los roles, las

diferencias de personalidad y la lista sigue y sigue. La comunicación es la clave para reparar las grietas relacionales reveladas por estas presiones. Como consejera profesional, no puedo enfatizar lo suficiente la importancia de construir un matrimonio sobre una comunicación saludable"[28].

Cuando con tu pareja priorizas el contacto físico en lugar de la conversación, suceden tres cosas:

1) la amistad deja de construirse,

2) se te nubla el buen juicio, porque estás produciendo hormonas que te hacen flotar y pierdes la objetividad[29], y

3) dejas de ver tus defectos y los del otro.

El noviazgo es el momento de detectar diferencias y aprender a solucionar los conflictos. Nadie es perfecto, pero algunos "defectos" son graves o peligrosos, y por eso también este es un buen tiempo para terminar la relación si hay muchas luces rojas encendidas. Eso es totalmente válido. Conozco parejas que se entregaron al sexo durante el noviazgo y parecían "la pareja del siglo". Pero ni bien se casaron, la relación decayó, y poco tiempo después se divorciaron porque no se conocían bien y descubrieron problemas graves en el otro.

EL NOVIAZGO ES EL MOMENTO DE DETECTAR DIFERENCIAS Y APRENDER A SOLUCIONAR LOS CONFLICTOS

11) ESPERAR SIRVE PARA EVITAR EMBARAZOS

Deshazte de estas excusas:

* *"No tenemos penetración vaginal, solo es dry-sex (sexo seco)".* ¡Esto es un disparate! ¡No eches a andar la maquinaria si aún no tienes permitido llegar a la culminación del proceso, porque en algún momento no vas a resistir! Entiéndelo: el proceso

de intimidad sexual fue diseñado por Dios para ser creciente, es decir, resulta muy difícil detener el proceso porque no fue diseñado para detenerse sino para avanzar hasta el coito y el clímax.

* *"Usaremos un método anticonceptivo"*. ¡Ningún método es infalible! Hay muchas personas circulando en este mundo, que fueron procreadas mientras se usaba un método anticonceptivo…

* *"Si pasa algo, me haré un aborto seguro"*. Abortar es añadir otro pecado más: el asesinato de un ser creado a la imagen de Dios. Además, debido a la inmadurez del cuerpo, el aborto juvenil es muy peligroso, y tiene un alto índice de mortalidad.

12) ESPERAR SIRVE PARA EVITAR INFECCIONES

En el sexo hay intercambio de saliva, lubricante genital y semen; además, durante cada coito se rompen micro-vasos capilares. Así se transmiten virus y bacterias… ¿y qué? Pues te comparto algunos datos:

* Entre más joven es un cuerpo, más fácilmente contrae una ITS (infección de transmisión sexual).

* Una persona puede infectarse con un solo encuentro sexual.

* Muchas ITS no presentan síntomas en las primeras etapas, así que una persona puede contagiarse sin darse cuenta.

* Muchas ITS son incurables, o producen enfermedades graves como el cáncer.

* Cada año, en Estados Unidos, más de mil jóvenes menores de 25 años se infectan cada hora, y 1 de cada 4 adolescentes tiene una ITS[30].

13) ESPERAR SIRVE PARA EVITAR DISFUNCIONES

¿Recuerdas las hormonas de las que hablamos algunos capítulos atrás? Bueno, pues ¿a qué no sabes qué? ¡El sexo prematrimonial "descompone" las hormonas! Te explico cómo funciona esto...

Oxitocina y vasopresina: El sexo está diseñado para el matrimonio, porque estas hormonas liberan su mayor descarga en el coito y el orgasmo. Entre más sexo tiene un matrimonio, más se fortalece el vínculo; hay más unidad, confianza, fidelidad y amor. Cuando una persona cambia de pareja sexual frecuentemente, daña la función de estas hormonas. Con cada cambio se va liberando cada vez menos cantidad, entonces cuando un día la persona finalmente se casa, en vez de liberar mucha cantidad, se libera muy poca, por lo tanto no produce apego suficiente y el matrimonio se ve afectado.

CUANDO EL SEÑOR TE DICE: "NO LO HAGAS FUERA DEL MATRIMONIO", ¡LO HACE PORQUE TE AMA!

Dopamina: Cuando hay una insensibilidad a la oxitocina/vasopresina, el cuerpo requiere de un estímulo cada vez mayor para producir la misma cantidad de dopamina. Esto usualmente requiere una nueva pareja (en lo posible, "más sexy") que supere la ráfaga de dopamina habitual. Y, como hay insensibilidad a la oxitocina/vasopresina, el apego dura cada vez menos tiempo y las relaciones amorosas son cada vez más insatisfactorias y más cortas.

Cortisol/Serotonina/Endorfinas: Cuando una persona tuvo experiencias pasadas que no resultaron bien, la intimidad sexual se distorsiona: en vez de producir serotonina y endorfinas produce cortisol, y se genera un círculo vicioso que deteriora el apego y la felicidad.

<u>Norepirefrina:</u> Las relaciones sexuales son eventos multisensoriales y altamente emocionales que producen una gran descarga de norepirefrina, "grabando" así la experiencia en tu memoria. Todas tus experiencias sexuales estarán presentes en tu lecho matrimonial, porque a nivel bioquímico es casi imposible que las olvides. Por lo tanto, aunque tu intención sea ser el mejor amante del mundo, tu desempeño sexual se verá afectado.

Muy bien, espero que estas 13 razones te hayan ayudado a entender que cuando el Señor te dice: "No lo hagas fuera del matrimonio", ¡lo hace porque te ama! El mito de "la experiencia previa" solo les complica la vida a los solteros y a los casados. Espero que ahora puedas ver el gran amor que te tiene el Señor, y comprendas que cuando te dice que esperes es porque quiere protegerte, y porque quiere que puedas disfrutar al máximo el sexo en tu matrimonio, tal como Él lo planeó.

En la cultura popular, cuando los chicos llevan a su novia a cenar, o al cine, o le compran flores, tienen derecho a pedir luego "algo a cambio". En realidad, ni siquiera necesitan pedirlo, porque en esta cultura las chicas se sienten obligadas a dar algo a cambio, a complacer y "hacer feliz" a su hombre. Tristemente, este escenario se repite a veces en la comunidad cristiana. ¿Es en realidad el sexo una "moneda de cambio"?

Mutualidad

"El hombre debe satisfacer los derechos conyugales de su esposa; y lo mismo la esposa respecto de su esposo. La mujer no tiene derecho sobre su cuerpo, porque este le pertenece a su esposo. Tampoco el hombre tiene derecho sobre su cuerpo; pues le pertenece a su esposa. Por lo tanto, no se nieguen el uno al otro, a menos que se pongan de acuerdo, y sólo por un tiempo, para dedicarse a la oración. Pero luego, únanse de nuevo, para evitar que Satanás los tiente, por no tener dominio propio".

1 Corintios 7:3-5

¡Este texto bíblico para matrimonios debería enseñarse desde la secundaria, incluso si los estudiantes nunca llegaran a casarse! Pero debería enseñarse con la intención de edificar, no de manipular. La enseñanza correcta de este texto es que la decisión de un matrimonio de tener relaciones sexuales debe ser *mutua*. La instrucción es para ambos. Ninguno de los dos tiene derecho a exigir nada, ni a obligar al otro. Ambos deben satisfacerse mutuamente.

La segunda enseñanza es esta: Lo ideal es que un matrimonio tenga relaciones frecuentemente. Pero si decidieran hacer una pausa, debe ser en un acuerdo *mutuo*, y siempre por una buena razón. ¡El sexo no es una moneda para negociar ni para manipular a nadie!

Sumisión

"Las mujeres deben someterse a sus esposos al igual que se someten al Señor. Porque el esposo es cabeza de la esposa, de la misma manera que Cristo es cabeza y salvador de ese cuerpo suyo que es la iglesia. Así que las esposas deben estar sujetas en todo a sus esposos, así como la iglesia lo está a Cristo".

Efesios 5:22-24

¡Este es otro de los pasajes que entran en la lista de "textos usualmente mal interpretados y mal enseñados"! Es el típico caso donde se hace una mala doctrina por aislarlo de su contexto y no mirar el relato bíblico completo. El error generalizado que surge de esta mala interpretación es que las mujeres deben vivir para servir a los hombres, para complacerlos, y para hacer todo lo que les digan, incluso si piden algo pecaminoso. ¡Muchas chicas solteras sucumben ante la "autoridad" masculina que les dicta qué deben hacer, y cómo y cuándo deben hacerlo! Así que quiero dejarlo bien claro: ¡Esto no es lo que la Biblia está diciendo! Yo no soy feminista en absoluto, pero sé que este texto *no* apoya el control masculino. Por empezar, el texto *no* dice que una mujer deba someterse a todos los hombres en general, sino solo a su esposo. Además, nuevamente habla de *mutualidad* y de que *ambos* necesitan someterse a Cristo.

¡EL SEXO NO ES UNA MONEDA PARA NEGOCIAR NI PARA MANIPULAR A NADIE!

¿Cómo lo sé? Por lo que dice el texto antes y después:

"Sométanse unos a otros por respeto a Cristo…". (v. 21)

"Los esposos, por su parte, deben mostrar a sus esposas el mismo amor que Cristo mostró a su iglesia. Cristo se entregó a sí mismo por ella…". (v. 25)

"Así deben amar los esposos a sus esposas: como aman a su propio cuerpo. ¡El hombre que ama a su esposa se ama a sí mismo!". (v. 28)

Tristemente, los versículos 22 al 24 se han enseñado con un énfasis erróneo, como si fueran prueba de que la mujer es inferior al hombre y debe obedecerlo sin replicar, con el argumento de que "así es la voluntad de Dios". Sin embargo, ¡todo este pasaje empieza diciendo "sométanse unos a otros"! Es decir, ambos se someten, y ambos se rinden. Hay mutualidad y amor. Y luego vienen las instrucciones: La esposa se somete al liderazgo de su esposo, y el esposo se somete a ella dando su vida. Al leer el tema completo vemos que, aunque Dios designó al esposo como el líder, no es un ser superior, sino que al ser el que tiene "mayor título", él es quien tiene que servir dando su vida, tal como lo enseñó Jesús en Marcos 10:42-45.

Otro texto distorsionado es el de la famosa "ayuda idónea". Pero si lo miramos con atención, veremos que al igual que Corintios y Efesios, este texto habla de mutualidad:

"Y dijo el SEÑOR Dios: No es bueno que el hombre esté solo; le haré ayuda que esté delante de él".

Génesis 2:18 (JBS)

La palabra hebrea que se emplea aquí para "ayuda" es עֵזֶר *ézer*, que significa *ayudar, rodear, circundar, proteger*. Esta palabra se utiliza también en otras partes de la Escritura para describir al Señor como nuestro ayudador (Salmo 146:5, Deuteronomio 33:26). Por supuesto, nosotros nunca interpretaríamos que Dios sea nuestro "ayudador" porque sea un esclavo, o un sirviente de menos categoría, ¿cierto? Él ayuda por amor, por compasión, por el bien del otro… Y esta es también la manera en que las esposas deben ayudar a sus esposos.

AUNQUE DIOS DESIGNÓ AL ESPOSO COMO EL LÍDER, NO ES UN SER SUPERIOR

Por otra parte, la palabra típicamente traducida como "idónea" es la palabra hebrea נֶגֶד *négued*, que significa *al frente, parte opuesta, contraparte*. Esta palabra hace referencia a algo equivalente, algo que tiene una correspondencia exacta (como el reflejo en un espejo). Es decir, ni mayor ni menor. También se usa esta palabra para referirse a que Dios está delante de nosotros (Salmo 16:8, 109:15). ¡El Señor, con toda su majestad, desea que estemos frente a frente en una relación de comunión con Él!

Finalmente, al analizar el texto hebreo, tampoco encontramos un tema de derechos ni de obligaciones sexuales. El hombre no es el amo sexual de la mujer. Ambos son equivalentes.

Hay una cita que me gusta mucho y que dice: *"La creación de Eva del costado de Adán señala su igualdad y mutualidad, y la jubilosa canción de Adán revela su gozo"*[31].

La verdad

Sé que tal vez te estés preguntando: "¿Para qué rayos tengo que saber todo esto en mi soltería?".

Bueno, en primer lugar, porque en la iglesia se ha infiltrado la idea (errónea) de que el hombre es superior a la mujer. Muchos varones piensan que le pueden ordenar lo que sea a cualquier chica porque ellos son cabeza de todas las mujeres. Y, por su parte, muchas chicas han desarrollado como consecuencia cierta alergia contra la palabra "autoridad". ¡Entender estos textos te ayudará a alejarte del machismo y del feminismo!

En segundo lugar, porque todo esto te servirá para no tener ideas preconcebidas acerca de tus derechos y obligaciones con tu pareja. Si eres chico, el hecho de que lleves a tu novia a cenar no te da derecho de exigirle luego una "prueba de amor". Si eres chica, el hecho de que tu pretendiente te haya regalado un enorme oso de peluche el 14 de febrero, no te obliga a corresponderle regalándole tu cuerpo.

NINGÚN SEXO ES SUPERIOR AL OTRO. SÍ HAY FUNCIONES Y CARACTERÍSTICAS DIFERENTES, PERO AMBOS TIENEN EL MISMO VALOR, INCLUSO EN LA CAMA

Aunque la fornicación no debería ser una opción, el mito de los derechos y obligaciones es un motivo muy común por el cual muchos jóvenes de hoy en día caen, porque sienten que no tienen más remedio que hacer "lo que les toca hacer". ¡No se dan cuenta de que sí tienen alternativa! ¡Sí pueden romper el círculo vicioso que los mitos han provocado por generaciones!

Además, que sepas todo esto desde ahora es importante porque la idea de los derechos y las obligaciones sexuales se siembra mucho antes de llegar al lecho conyugal. Y tarde o temprano los recién casados enfrentan problemas por los mitos que meten a su alcoba. Ningún sexo es superior al otro. Sí, hay funciones y características diferentes, pero ambos tienen el mismo valor, incluso en la cama.

Por último, incluso si vivieras soltero(a) por toda tu vida, es importante que conozcas las verdades acerca de la sexualidad para que puedas entender mejor cómo es (o debería ser) la correcta interacción social entre hombres y mujeres.

Los medios y la cultura popular quieren venderte el mito de que el sexo es una moneda de cambio con la cual se puede manipular, demostrar poder, o pagar deudas. ¡Pero ahora tú sabes la verdad!

Este es un "mito cristiano". Tal vez lo hayas escuchado en alguna predicación, o puede que lo hayas leído en algún libro de los días en que tus papás eran adolescentes. La idea general es que si te portas bien y llegas virgen al matrimonio, el Señor te recompensará con un cónyuge sexy y una vida sexual estupenda. Por años, ha sido el argumento de pastores, líderes de jóvenes y padres de familia, preocupados por las decisiones sexuales que toman los jóvenes creyentes. Pero, ¿cómo es posible que esto sea un mito? ¿Es que Dios no recompensa a los que se portan bien? Parece que lo que te estoy diciendo no tiene sentido, ¿cierto?

Un mito y un libro

En 1997 se publicó un libro que puso por escrito un mito popularizado desde los 80s[32]. En términos generales, el autor planteaba que los jóvenes debían buscar la pureza en vez de salir en citas, que el noviazgo no era correcto, y que lo mejor era usar el "cortejo" supervisado por la iglesia. En este sentido, argumentaba que las citas solo causan problemas y te sacan del plan de Dios.

La cultura y los movimientos

De forma paralela, surgieron movimientos en los Estados Unidos, tales como *Purity Movement* (el movimiento de la pureza) o *True Love Waits* (el verdadero amor espera), y lo que se conoce en términos generales como la "cultura de la pureza", en los que a las chicas se les regalaba un anillo como recordatorio de que debían mantenerse vírgenes. Todo esto creó muchos problemas...

En primer lugar, porque la manera en que los jóvenes se relacionan amorosamente en Estados Unidos es muy diferente a la de Hispanoamérica (tan solo la palabra *"dating"*, que es como le llaman a tener cita, tiene un origen nefasto). Tal vez en la actualidad, con las redes sociales y los servicios de streaming, esas diferencias se estén borrando, pero en los 80s y 90s, salir en citas al estilo estadounidense era algo muy diferente al noviazgo latino. (Y quizás en donde tú vives las diferencias todavía existen). El caso es que muchas iglesias adoptaron una filosofía "gringa" para una costumbre latina, lo que ya de por sí es contradictorio.

En segundo lugar, el problema fue que se hizo demasiado énfasis en la virginidad. Obviamente, la Biblia enseña acerca de su importancia. Pero, al enfatizar demasiado solo en este punto, no se atacaron otros pecados. Como consecuencia, los jóvenes empezaron a idear otras formas de ser sexualmente activos, tan solo evitando el coito para seguir siendo "vírgenes"[33].

Otro problema fueron los argumentos legalistas. Por ejemplo, que las personas que han salido en citas o han estado en noviazgo son espiritualmente inferiores a las que entran en el cortejo supervisado por la iglesia. Estos movimientos evitaban la convivencia entre hombres y mujeres jóvenes, impidiendo que aprendieran a socializar sanamente. Además, en esta "cultura de la pureza", el valor de los jóvenes radicaba en su virginidad y no en la obra de Cristo en ellos. Abundaron las amenazas, del tipo de que si pierdes la virginidad dejarás de ser amado por Dios, o de que una vez perdida la virginidad eres una persona incompleta o defectuosa que, además de todo, ha cometido "adulterio previo" a tu futuro cónyuge (a quien todavía ni conoces ni sabes quién será). En resumen, mucha condenación y poca esperanza para los jóvenes…

Pero quizás lo peor de todo este movimiento haya sido el argumento castigo-recompensa. "Si te mantienes virgen, Dios te premiará con un cónyuge fabuloso y el sexo será más placentero. Si pierdes la virginidad, quizás nunca te cases (como si la soltería fuera una maldición o un castigo), o si lo haces, tendrás una vida sexual mediocre y tal vez hasta te abandonen, se divorcien de ti o enviudes". De este punto es que hemos tomado el mito para este capítulo.

Ahora déjame contarte algunos casos reales de personas que crecieron en esta cultura. (Los nombres de las personas han sido cambiados para preservar su intimidad).

*Hugo: *"Tenemos pocos años de casados. Mi esposa y yo llegamos vírgenes al matrimonio. El primer año tuvimos poquísimas relaciones porque a ella le dolía muchísimo. Los doctores no ayudaban. Estábamos al borde del divorcio cuando el Señor nos guió a analizar los patrones de dolor. Descubrimos que mi esposa es alérgica a los parabenos. Una vez solucionada la alergia, ella dejó de sentir dolor y ambos pudimos empezar a disfrutar los placeres de la sexualidad diseñada por Dios".*

* Karina: *"He sido creyente desde niña, y he mantenido mi pureza sexual. He salido con algunos jóvenes de mi iglesia pero sigo soltera a mis 38 años. Es frustrante seguir esperando al esposo que Dios tiene para mí, sobre todo porque tengo deseos… ¿Cuándo me va a premiar Dios con un varón, después de todos estos años de virginidad? ¡Me siento tan incompleta! Lo que más me frustra es*

que mi prima no es creyente, pero lleva 10 años de casada con un buen hombre, tienen dos niños y se ven felices. ¿Por qué el Señor le da un hombre a esa pagana y a mí no?".

* Marcos: "Conocí al Señor cuando estaba por entrar a la universidad, y desde entonces me he dedicado por completo a Él. Oré por una esposa, y el Señor me dio una bella mujer, la cual me dio 2 hijos hermosos y me ha acompañado en el ministerio en los últimos 8 años. Ayer ella me dijo que se va de la casa, que quiere el divorcio, y que me deja a los niños, porque al fin encontró el amor y la estabilidad económica que siempre anheló. Señor, ¡¿por qué me pagas así?!".

*Josefina: "Yo me esforcé por llegar virgen al matrimonio, ¡y mi noche de bodas fue lo más mediocre que he vivido! No experimenté ninguna llenura espiritual por haber "cumplido" con llegar virgen. Y tampoco hubo placer sexual, sino todo lo contrario. Llevo 11 meses de matrimonio y 6 meses en tratamiento para solucionar el vaginismo, esperando algún día poder tener relaciones sexuales completas y placenteras. ¡La virginidad es una burla! ¡Dios me engañó, el cristianismo es una basura, ya no quiero saber nada de Cristo ni la Biblia ni la iglesia!".

* Alonso: "¡Fue un verdadero triunfo llegar virgen al matrimonio! Es quizás la cosa más difícil que he hecho, pero la Escritura me mantuvo firme. Yo estaba muy satisfecho con mi logro, y agradecido con Dios porque este primer mes de matrimonio ha sido una verdadera delicia. El sexo es todo lo que imaginé y mucho más. Pero hoy estoy enojado. Me siento estafado por Dios. Me siento frustrado y engañado. ¡Quisiera divorciarme! Mi esposa me acaba de confesar que ella no llegó virgen al matrimonio. ¡No merezco una mujer dañada! ¡Me casé con la persona equivocada!".

Lamentablemente, historias como estas abundan en las comunidades de creyentes. Muchas personas han dejado la fe frustradas, amargadas y enojadas, porque no hubo fanfarrias para celebrar que llegaron vírgenes al matrimonio, o porque pasaron los años y aún siguen solteros, o porque enfrentan problemas de salud sexual, o porque tomarle el ritmo al matrimonio y al sexo ha resultado un poco más complicado de lo que esperaban. ¡Imagínate! ¡Muchos se hicieron apóstatas a causa de una mala enseñanza sexual!

¿Y sabes qué es lo más irónico? Que después de dañar a varias generaciones, el autor se retractó de su libro, se divorció de su esposa, y dijo públicamente que ya no cree en Dios… ¡Sin embargo, muchas iglesias no lo saben y aún siguen su filosofía!

Las verdades

Entonces, ¿qué? ¿No sirve de nada obedecer al Señor? ¡Claro que sirve! A continuación te explico por qué…

1) OBEDECER ES PONER BUENOS CIMIENTOS

> *"Todo el que presta atención a mis enseñanzas y las pone en práctica es tan sabio como el hombre que edificó su casa sobre una roca bien firme. Cuando llegaron las lluvias, las inundaciones y los huracanes, la casa no se derrumbó porque estaba edificada sobre roca".*
>
> Mateo 7:24-25

Cuando obedeces los mandatos del Señor, tu vida se construye sobre cimientos sólidos. Aunque se presenten dificultades, tendrás la capacidad de salir adelante, y las tormentas naturales de la vida no te harán caer.

2) LA CASTIDAD SÍ OFRECE BENEFICIOS

"El que siembra para satisfacer los apetitos de su naturaleza pecaminosa, de ella cosechará destrucción; pero quien planta lo que le agrada al Espíritu, cosechará vida eterna del Espíritu. Así que no nos cansemos de hacer el bien, porque si lo hacemos sin desmayar, a su debido tiempo recogeremos la cosecha".

Gálatas 6:8-9

El contexto de esos versos es que Pablo está hablando de no vivir dominados por la carne. Si sabes aprovechar la soltería para sembrar semillas de castidad, ¡tú y tu futuro cónyuge cosecharán los beneficios! Si ambos llegan vírgenes al matrimonio, podrán empezar desde cero, sin un bagaje emocional, sin un pasado que los persiga. Obedecer a Dios, aunque a veces parezca difícil, siempre es buena semilla que rinde fruto a su tiempo.

3) EL SEÑOR SÍ RECOMPENSA

"...Y cada uno será recompensado por su propio arduo trabajo".

1 Corintios 3:8b (NTV)

En el contexto de este verso, Pablo está hablando del trabajo de los ministros. Pero se puede aprender algo que es válido para todos: A final, Dios sí toma en cuenta el trabajo que haces para Él. El trabajo para Dios nunca es en vano. Él ve todo, aun lo que haces en secreto. Y, porque es amoroso y fiel, Él valora tu esfuerzo por mantenerte firme (1 Corintios 15:58).

4) NO DEBEMOS SER SUPERSTICIOSOS

No se trata de karma, ni de practicar psicomagia. Por ello, también es necesario aceptar estas otras verdades:

No habrá fanfarrias en el día de tu casamiento como premio por llegar virgen al matrimonio. Cuando te cases, simplemente pasarás a una nueva etapa de tu vida, como cuando pasaste del kínder (o jardín de infantes) a la primaria. No esperes que se abra el cielo y que baje un trofeo de entre las nubes. Y el Señor no "te debe" un cónyuge virgen. Él decidirá cuál será tu recompensa por tu obediencia. Tú no la eliges.

No tienes asegurado que te casarás, ni que te casaras pronto, ni que te casarás con alguien fabuloso. Dios no es un hada madrina ni el genio de los deseos.

CUANDO OBEDECES LOS MANDATOS DEL SEÑOR TU VIDA SE CONSTRUYE SOBRE CIMIENTOS SÓLIDOS. AUNQUE SE PRESENTEN DIFICULTADES, TENDRÁS LA CAPACIDAD DE SALIR ADELANTE

No esperes automáticamente tener un cónyuge perfecto o una vida sexual espectacular. El matrimonio y la vida sexual no fluyen automáticamente. Recuerda que es necesario aprender, cultivar y perseverar para resolver las dificultades naturales de la vida.

No tengas arrogancia espiritual. Si llegas virgen a tu boda, no eres un cristiano de mejor categoría que los demás. No deberías sentirte superior a esos "mugrosos pecadores" que cayeron en la fornicación.

No has terminado tu trabajo solo por casarte. La integridad sexual es parte de todas las etapas de la vida, y la virginidad solo es una de ellas. ¡Los adultos casados tenemos que seguir cuidando esa integridad en otros aspectos!

Ahora, por favor entiende que con todas estas verdades no estoy tratando de ser aguafiestas, sino de invitarte a que madures en la fe. Tú debes guardar tu cuerpo por amor a Dios, para adorarlo con todo tu ser, siguiendo su diseño y confiando en su plan, independientemente de si hay o no premios, o de si la integración como pareja resulta fácil o difícil. ¡Tu motivación debe ser amar a Dios, no a sus bendiciones!

Una verdad más

Para evitar que los chicos cristianos fueran promiscuos, estos movimientos difundieron la idea de que en este planeta hay una sola persona que Dios eligió para que sea tu pareja perfecta. Tu trabajo, entonces, sería orar hasta que Dios te señalara quién es, y… ¡ay de ti si se te ocurriera salir a tomar un helado con alguien más! En consecuencia, se te permitía tener novio(a) solo si ya tenías la *certeza* del matrimonio divino. Como yo lo veo, ¡esto es superstición! Claro que hay que orar para encontrar pareja, pero también puedes usar el discernimiento y la inteligencia que Dios te ha dado. Me gusta cómo lo explica Sproul en la siguiente cita:

"Si tengo un fuerte deseo de casarme, entonces el siguiente paso es hacer algo para realizar este deseo. Si una persona quiere un empleo, debe buscar seriamente las oportunidades laborales. Cuando decidimos ir a un instituto o a la universidad, tenemos que seguir la rutina formal de postular y evaluar diversas instituciones. El matrimonio no es distinto; no nos ha llegado ninguna receta mágica que nos determine la perfecta voluntad de Dios para un compañero de vida. Lamentablemente es aquí donde los cristianos hemos sucumbido al síndrome de los cuentos de hadas de nuestra sociedad… La sabiduría exige que la búsqueda se haga con discreción y determinación. Las personas en busca de un compañero o compañera de vida tienen que hacer ciertas cosas obvias, tales como ir a donde otras personas solteras se congregan. Necesitan involucrarse en actividades que las pongan en comunicación directa con otros cristianos solteros… Estoy convencido de si se aplican

constantemente los preceptos bíblicos, prácticamente cualquier par de personas en el mundo puede construir un matrimonio feliz y honrar la voluntad de Dios"[34].

Henry Cloud y John Townsend también tienen algo que decir respecto al noviazgo:

"Evitar las citas no es la cura para los problemas que se encuentran en ellas. La cura es la misma cura bíblica para todos los problemas de la vida; esta es: el crecimiento espiritual que lleva a la madurez. Aprender a amar, seguir a Dios, ser íntegro y responsable, tratar a otros como quieres que te traten, desarrollar el autocontrol y construir vidas satisfactorias son maneras de asegurar que el proceso de las citas sea mejor"[35].

DEBES GUARDAR TU CUERPO POR AMOR A DIOS INDEPENDIENTEMENTE DE SI HAY O NO PREMIOS, O DE SI LA INTEGRACIÓN COMO PAREJA RESULTA FÁCIL O DIFÍCIL

Si nos ponemos muy puristas, ¡en la Biblia ni siquiera existe el noviazgo! En aquellos días, los padres concertaban las parejas. (Calma… No estoy prohibiéndote el noviazgo, sino que te estoy alentando a aplicar los principios bíblicos para construir una vida en pareja, como dijo Sproul).

Es decir, no se trata de evitar el noviazgo como si fuera pecado, pero tampoco es la idea que cambies de pareja cada dos semanas hasta recorrer todo el grupo de jóvenes. Tu tarea es buscar la integridad sexual por amor a Dios. Punto. No para ganar un premio ni por temor a recibir castigo. Y si en tu comunidad te han vendido el mito de que solo existe una "persona elegida", con todo mi cariño quiero decirte que tengas cuidado. Dios no te premiará con sexo maravilloso si logras adivinar quién será, ni te caerá la maldición si eliges a la persona "incorrecta". ¡Ni que fuera un programa televisivo de concursos donde hay que adivinar el premio tras una cortina!

Lo que debes tener siempre presente es esto: La pareja ideal está formada por dos personas que *cada día*:

1) deciden rendir su vida a Cristo para ser transformados, y

2) deciden rendir su vida a su cónyuge para amarle y servirle.

Entonces, ¿es imposible eso de casarse felizmente con una persona que desde que entró por la puerta supiste que "era de Dios"? No, no es imposible. Esto sí puede suceder, pero debemos saber que es el escenario menos común. Lo que Sproul está diciendo es que no hay que caer en el misticismo o en la adivinación. Bajo lineamientos bíblicos y con sabiduría, tú puedes buscar y elegir tu pareja. Y en ambos escenarios será necesario construir la relación, resolver problemas, y tener siempre presente que la meta es glorificar al Señor con esa relación.

MITO 11: LA PORNOGRAFÍA Y LA MASTURBACIÓN NO AFECTAN

Chicas semidesnudas y con miradas sugerentes. Chicos extravaroniles, con voz seductora y el abdomen cuadriculado. Parejas enamoradas que muestran demasiada piel y, a veces, sus partes privadas. Lo vemos todo el tiempo y en todas partes: en publicidades, revistas, cómics, manga, series, y videos musicales...

Mi historia

Yo tendría unos 7 u 8 años. Estaba jugando en casa de mi amiga cuando, al buscar una sábana para construir un fuerte, encontramos unas páginas de revista. Al desdoblarlas, vimos una secuencia de imágenes de una pareja desnuda en pleno acto sexual. Mi amiguita y yo nos impresionamos mucho. Mi reacción inmediata fue correr hacia donde estaba su mamá a darle las hojas, como si estuviera entregando el cadáver de un ratón o alguna otra cosa terrible, para que ella, como mamá, lo resolviera. Mi amiga se quedó llorando en la habitación. Yo corrí a mi casa.

Pasaron alrededor de 20 años hasta que volví a ver pornografía explícita. Ahora estaba casada, y con bebés. Era de noche, y estaba esperando a que mi esposo regresara a casa. Aburrida, cambiaba los canales de televisión sin pensar. ¡Sinceramente, me asombró la facilidad con que la televisión por cable ofrece una película asquerosamente explícita!

Pasaron otros años, y tanto la internet como los teléfonos inteligentes se popularizaron. Entre las apps para descargar y los blogs en los que se podía navegar, me encontré con que había una gran oferta pornográfica. La curiosidad y la tentación de mirar eran grandes, y las oportunidades estaban puestas en bandeja de plata, no solo en mis manos, sino en las de cualquiera.

Finalmente oré al Señor y pedí dirección para saber qué hacer ante esta invasión de pornografía que todos vivimos en el día de hoy. Desde entonces, he investigado acerca de los problemas que genera la pornografía, he asistido a conferencias presenciales y virtuales, he leído libros y he hecho investigaciones. ¡Estoy convencida de que la pornografía es el gran mal de nuestros tiempos!

¿Será que realmente tú nunca, nunca has visto pornografía?

Permíteme hacerte algunas preguntas:

¿Has visto personas semidesnudas en las portadas de las revistas que están en las cajas del supermercado?

¿Has visto dibujos o imágenes sugerentes en manga, animé, cómics, videos musicales, o en publicidades?

Si tu respuesta es sí, bienvenido(a) al club del "*soft-porn*" ("pornografía suave"), en el que ves sin notarlo, y con el tiempo te acostumbras a mirar demasiada piel ajena.

¿Has visto escenas de desnudos o del acto sexual en alguna película romántica o de acción?

¿Veías Game of Thrones o The Punisher?

¿Has jugado juegos de mesa picantes?

¿Has visto escenas sugerentes o avatares eróticos en videojuegos?

¿Has participado en sexting o grupos de *nudes*?

Si tu respuesta es sí, eres parte de lo que yo llamo "pornografía nublada", es decir, material totalmente pornográfico (*hard-porn*) en un medio genérico.

¿Has leído el libro "Cincuenta sombras de Grey"?

¿Has cantado canciones de Bad Bunny?

¿Has ido a exposiciones fotográficas o pictóricas donde las escenas e imágenes son de desnudos, o demasiado subidas de tono?

Si tu respuesta es sí, has sido parte del arte erótico (llamado coloquialmente "erótica"), que también es una forma de pornografía. Y por favor no me malinterpretes. Con esto no quiero decir que mirar la escultura "el David" de Miguel Ángel sea ver pornografía. Lo que digo que este tipo de arte tiene un tinte sexual, incitador, provocador, que suele despertar las pasiones juveniles…

Lo malo, además, es que cualquiera de estas tres categorías te insensibiliza… Así, la pornografía se te va haciendo algo "normal", y de ese modo la industria de la pornografía te va moldeando sutilmente para convertirte en un cliente cautivo.

Hoy en día la pornografía está al alcance de todos. En el

pasado, el acceso era más complejo, costoso y esporádico. Por eso era un proceso sumamente intencional. Ahora, cualquier niño con un teléfono en la mano puede acceder a materiales pornográficos de manera rápida y gratuita. ¡Las estadísticas muestran que actualmente la edad promedio en que una persona ve pornografía por primera vez es a los 6 años por accidente, y a los 11 años de forma intencional! Y mientras que antes el 100% de los usuarios recurrentes eran varones, hoy el 30% son mujeres[36]. (Y algunos calculan que la cifra aumenta al 50% entre las chicas de edad universitaria).

Prácticamente todos hemos visto pornografía al menos una vez. Y decir "una vez" se queda corto, ya que cada día son más los medios que envían mensajes sexualizados y que van influyendo en tu manera de pensar y en tu conducta sexual. Aunque pienses que no es así, o que no te afecta, lo cierto es que entre más mensajes eróticos ves en la pantalla o escuchas en la música, más se distorsionan tus ideales y tu conducta.[37]

Las excusas

El mito de "no pasa nada" tiene excusas sinceramente ridículas, como por ejemplo:

- "La pornografía es un plan B para lograr mantenerse vírgenes".

- "Es un pasatiempo para matar el aburrimiento".

- "La dejarán cuando algún día se casen y satisfagan su apetito con su cónyuge".

- "Sirve para aprender cómo tener relaciones sexuales".

- "Es preferible ver pornografía que fornicar o adulterar".

- "Es solo curiosidad".

...Y la lista de excusas sin sentido sigue.

¿Cuál es el problema con la pornografía?

¡Hay muchos problemas físicos, psicológicos y espirituales relacionados con la pornografía! Afortunadamente, el Señor ha despertado a muchos científicos, autores y predicadores para que traten sobre el tema. Hay materiales de todo tipo, tanto de fuentes cristianas como seculares, que ilustran acerca de los daños que provoca. He aquí un resumen de algunos de los principales problemas asociados a la pornografía:

1) ES UNA EXPERIENCIA TRAUMÁTICA

Los chicos que se recuperan de una adicción a la pornografía son tratados clínicamente igual que los que viven una experiencia traumática (guerra, violencia intrafamiliar, accidente grave, etc.). Tú puedes preguntarle a cualquier persona cuándo fue la primera vez que vio pornografía, y todos se lo acordarán exactamente (como yo), porque causa un trauma emocional.

AUNQUE PIENSES QUE NO ES ASÍ, O QUE NO TE AFECTA, LO CIERTO ES QUE ENTRE MÁS MENSAJES ERÓTICOS VES EN LA PANTALLA O ESCUCHAS EN LA MÚSICA, MÁS SE DISTORSIONAN TUS IDEALES Y TU CONDUCTA

2) SE OPONE AL DISEÑO DE DIOS

La pornografía presenta al sexo de forma opuesta al modelo de Génesis. Reflexiona sobre estas preguntas:

El ver pornografía, ¿implica una actividad entre esposo y

esposa? No, es disfrutar del sexo a solas.

¿Ese "sexo a solas" cumple los 3 propósitos de Dios? No: ni procreas, ni generas unidad, ni hay placer mutuo.

¿Funciona aquí el sexo como la metáfora espiritual que vimos antes (pacto y comunión)? No, porque no estás con tu cónyuge.

¿Se construye intimidad de algún tipo? (relacional, mental, espiritual, emocional, sexual) No. No hay compañerismo, amistad ni amor.

3) QUEBRANTA MANDAMIENTOS ESPECÍFICOS

La pornografía quebranta directamente los mandamientos acerca de la lujuria, la lascivia, el adulterio, y el de no mirar desnudez (Levítico 18 y 20, Marcos 7:22, Éxodo 20:26). De acuerdo al diseño de Dios, la única persona desnuda que puedes mirar es tu cónyuge. Obviamente hay excepciones, como los médicos, o mamá y papá cuando sus hijos son muy pequeños, pero incluso estos casos requieren un buen criterio.

> *"Disfruta del amor, pero sólo con tu esposa. Tu amor y fidelidad le corresponden sólo a ella; ¡jamás se los entregues a otra! Recuerda que el goce del matrimonio solo le pertenece a los dos, y nadie debe inmiscuirse en él. ¡Bendita sea tu esposa, la mujer de tu juventud! Ella es una gacela amorosa y agradable. ¡Que sus pechos te dejen siempre satisfecho! ¡Que su amor siempre te cautive! Hijo mío, ¡no te enredes con la mujer infiel! ¡Aléjate de sus caricias!".*
>
> Proverbios 5:15-20

Este pasaje de Proverbios deja claro que el Señor aplaude el sexo recreativo en el matrimonio, pero prohíbe cualquier tipo de estímulo sexual con otra persona.

> *"Pero yo les digo: Cualquiera que mira a una mujer y desea acostarse con ella, comete adulterio en su corazón".*
>
> Mateo 5:28

De este verso de Mateo aprendemos 3 cosas:

1) La prohibición se refiere a una mujer que no sea la esposa. Un esposo sí puede mirar con deseo a su esposa, todo cuanto quiera.

2) Jesús enseña que, en el fondo del corazón, mirar e imaginarse toda la escena es lo mismo que llevarla a cabo, porque la intención es la misma. Así que eso de "miraré pornografía para evitar fornicación o adulterio" es incoherente. (Además, los consejeros matrimoniales coinciden en que las esposas sienten el mismo dolor y traición, indistintamente de si su esposo las engaña con una mujer real o virtual).

EL ENEMIGO ES MUY ASTUTO. PRIMERO TE OFRECE TODOS LOS PLACERES DE LA MANERA MÁS APETITOSA POSIBLE, Y LUEGO TE CONDENA HACIÉNDOTE SENTIR MISERABLE

3) Cuando leemos "inmoralidad sexual" en la Biblia, es el griego *porneia*, que significa "actividad sexual fuera del matrimonio", cualquiera que ésta sea. De esta raíz también viene la palabra pornografía. ¡Está más claro que el agua!

4) PRODUCE VERGÜENZA

El enemigo es muy astuto. Primero te ofrece todos los placeres de la manera más apetitosa posible, y luego te condena haciéndote sentir miserable. De todos los pecados, creo que la pornografía es uno de los que más avergüenza. Y lo peor es que esta vergüenza te aísla de otros y del Señor, ya que no te sientes con la confianza como para contárselo a alguien, ni para acudir al Señor en busca de restauración, porque te sientes indigno(a).

5) ES EL CAMINO HACIA OTROS PECADOS

*"…Así como presentaron sus cuerpos para servir a la maldad y a la impureza,
ahora deben entregar sus cuerpos para servir a la justicia y ser más santos".*

Romanos 6:19b

La palabra griega que se traduce como "impureza" se refiere a cualquier actividad que te contamine física o moralmente. Y la palabra traducida como "maldad" se refiere a actividades que están fuera de la Ley de Dios. Así, contaminarse y andar fuera de los preceptos del Señor se vuelve parte de un efecto dominó, en el que un pecado lleva a otro, y a otro más. Muchos usuarios de pornografía empiezan viendo desnudez "básica", pero con el tiempo la perversión crece sin control, hasta que llega un momento donde nada es suficiente y entonces se vuelven siervos de muchos otros pecados.

6) GENERA UNA DE LAS ADICCIONES MÁS FUERTES Y DIFÍCILES DE SOLUCIONAR

En 2 Pedro 2:19b dice que *"…uno es esclavo de cualquier cosa que lo domine"*, y la pornografía esclaviza al usuario con suma facilidad. De hecho, la adicción a la pornografía puede llegar a ser mayor que la producida por la cocaína o la heroína[38].

Además, como en toda adicción, se necesita un estímulo cada vez mayor, más intensidad, más crudeza, más perversión... hasta que llega un momento en que lo "virtual" ya no es suficiente. Entre más tiempo avanza, más difícil resulta dejarla, y más profundas son las consecuencias.

Conozco personalmente a dos matrimonios que se divorciaron por el vicio pornográfico del esposo. Uno tenía el vicio presente, pero el otro lo tuvo en su adolescencia. ¡Es decir que hay consecuencias que llegan años después!

7) ES UN FALSO MAESTRO

La segunda carta de Pedro advierte acerca de los falsos maestros. Cuando leemos esto, normalmente nos imaginamos a personas que enseñan herejías desde un púlpito, pero recuerda: el enemigo es sutil, e intenta engañarte poco a poco, sin que te des cuenta.

La pornografía es un falso maestro que se disfraza de "escenas románticas e inofensivas" en una serie o película, y sin que te des cuenta te va enseñando la mentira de que así luce la voluntad de Dios. ¡No te expongas a ninguna escena de estas!

Aquí te comparto una lista de algunos de los errores que fomenta la pornografía:

Error de valor

- Te hace creer que tu valor proviene de que tengas una actitud ultrasexualizada.

- Hace creer al mundo que las mujeres son objetos para ser usados y desechados.

Error de selectividad

- Te hace creer que el sexo es solo para las personas solteras, atractivas, esbeltas, saludables y jóvenes.

- Te hace creer que es solo para cierto estilo de mujeres. Esto excluye a las esposas y las mamás. De esta manera, estás siendo educado(a) para creer que el mejor sexo es ahora, porque cuando te cases y tengas hijos, el sexo se acabará o será nefasto.

- Cuando dices "¡Ugh!" al pensar en que los matrimonios que conoces tienen sexo (tus papás, tíos, o abuelos), pero apruebas que la pareja juvenil y soltera de una película tenga relaciones sexuales, ya te han lavado el cerebro en contra del diseño de Dios.

- Cuando dices "¡Ugh!" porque en la congregación hablamos de sexo, pero apruebas una hípersexualización en las canciones que se escuchan en todas partes, ya caíste ante el falso maestro.

Error de apariencia

- Las fotografías y videos editados, y las ilustraciones que no son realistas, te dan la idea equivocada de cómo debe lucir el cuerpo humano… ¡porque nadie en la vida real se ve así exactamente! Hasta las modelos tienen celulitis, y los hombres también tienen estrías.

- Todo esto crea en ti expectativas irreales, que luego te estorban para relacionarte sanamente. Por ejemplo, no encuentras novia porque todas te parecen muy feas/gordas/flacas/bajas/etc. en comparación a las actrices/modelos que viste desnudas. O no encuentras novio porque nadie es tan atlético/heroico/varonil/romántico como los hombres que te muestran las películas o los libros.

- Otra consecuencia terrible es que te haces una mala imagen de ti mismo(a). Como tu cuerpo no luce como los cuerpos "perfectos" que ves en las películas/publicidades/etc., entonces te sientes feo(a) en comparación, y crees que "no sirves".

- ¡Algo peor aún: crees que tus partes privadas no son lo suficientemente buenas, porque no son idénticas a las de los/las modelos que ves! Por ejemplo, las publicidades, películas, etc., solo presentan un tipo de busto "ideal" y lo imponen como si fuera la norma. Ahora, extiende tus manos, míralas, y mira las de otros. Todas tienen 5 dedos y 5 uñas, la palma y el dorso, ¡pero ningún par de manos es igual a otro! Y aunque no lucen igual, ¡todas están bien! La misma regla aplica con el busto y a los genitales. Hay muchos tipos de pechos, penes y vulvas, todos normales.

Error del enfoque

Las escenas de sexo explícitas te hacen creer en un mito que ya vimos antes: que el sexo es una actividad fisiológica que no incluye los sentimientos de la pareja. Esto te hace egoísta, porque se muestra a las personas solo con "urgencias físicas", y no con un anhelo de mostrar amor ágape al cónyuge. ¡Pareciera que solo tienes que conseguir unos genitales a los cuales unirte, y listo!

Error del proceso

- Crees que los "aspectos técnicos" del sexo son como los que se muestran en las imágenes, y eso no siempre es cierto.

- Te mienten al mostrar que el sexo es siempre fácil, rápido, intuitivo, perfecto y ultrasatisfactorio.

- Te engañan en cómo es el proceso sexual. Al parecer, la pareja se besa, respiran agitadamente, se desvisten, se acuestan, y llegan al clímax simultáneamente, en dos minutos. ¡Esta secuencia es irreal!

- Te engañan al decir que el proceso sexual masculino y el femenino son iguales.

Error de naturaleza

- La pornografía te hace creer que eres un animal y que funcionas como tal: tienes un instinto que te provoca una urgencia, y ese mismo instinto te guiará a satisfacerla. Esto te incita a tratar a tu cónyuge como si fueras un perro en celo, y no como las personas que son.

> **SI NO TIENES CUIDADO DE EVITAR LA PORNOGRAFÍA, PARA CUANDO TE CASES HABRÁS RECIBIDO UN MILLÓN DE LECCIONES ERRÓNEAS CONTRA UNAS POCAS LECCIONES BÍBLICAS SOBRE EL SEXO**

Error de suposición

- Las lecciones eróticas del falso maestro (la pornografía), hacen que hombres y mujeres lleguen al matrimonio con expectativas y suposiciones equivocadas e irreales ("Así es el sexo que debo tener con mi esposa. Esto es lo que deberíamos hacer en la cama"), las cuales, al no cumplirse, producen frustración y confusión.

- Muchas películas y videos te mienten al decir que las actividades sexuales que se muestran realmente les gustan a las chicas. Amigo: por favor, no creas que a las chicas les gusta la violencia en la cama. Amiga: por favor, no creas que eso es lo que te debería gustar.

En resumen, el sexo que muestra la pornografía no es como en la vida real. ¡No lo veas! ¡No lo creas! ¡Abandona ya mismo las clases de ese falso maestro, para evitarte desilusiones y que puedan realmente ser felices tanto tú como tu futuro cónyuge! Si no tienes el cuidado de evitar toda clase de pornografía (que lamentablemente abunda en todas partes hoy en día), para cuando te cases habrás recibido más de un millón de lecciones erróneas de este falso maestro, contra unas cuantas lecciones bíblicas que (con suerte) puedes haber recibido sobre el sexo... ¿Cuál crees que va a ser el resultado?

UNA PERSONA ADICTA A LA PORNOGRAFÍA NO MADURA. SEGUIRÁ TENIENDO ACTITUDES Y CAPACIDADES INFANTILES, AUN CUANDO SEA MUCHO MAYOR

8) REESTRUCTURA EL FUNCIONAMIENTO DEL CEREBRO

La pornografía afecta el cerebro y la bioquímica de Dios en diferentes maneras:

A) Te impide madurar el cerebro

En la infancia, tú tomabas las decisiones con la parte posterior de tu cerebro, la parte emocional. Al ir creciendo, el proceso de toma de decisiones y de resolución de problemas va migrando paulatinamente hacia la parte frontal de tu cerebro, que es la racional. Es decir, maduras.

Por ejemplo: De niño, la inmadurez cerebral te hacía llorar

cuando te golpeabas, pero si te daban una paleta, te consolabas. Al crecer, una persona va desarrollando la capacidad de no precisar algo externo… Por ti mismo puedes animarte, resolver problemas y tomar decisiones. Ya no necesitas una paleta para sobrellevar cada angustia, ni la intervención de tu mamá para resolver cada conflicto.

Para entender bien esto debemos tener en cuenta que los problemas producen cortisol, y que la dopamina lo combate. Por eso la paleta consuela al niñito: el cortisol disminuye, la dopamina y la serotonina aumentan un poquito, y hay una sensación de bienestar. Al crecer, muchos jóvenes usan la pornografía como el niñito usaba la paleta, porque les brinda una hormona más potente que la dopamina: la oxitocina. Esta produce un efecto mucho mayor, intenso e instantáneo sobre el cortisol. El problema es que al depender de una "paleta", de algo externo, para sentirse bien, se atrofia el avance normal de maduración cognitiva y emocional y del pensamiento crítico. Una persona adicta a la pornografía no madura. Seguirá teniendo actitudes y capacidades infantiles, aun cuando sea mucho mayor. Por eso últimamente vemos tantos "niñotes" de 30 y 40 años…

B) Descompone el funcionamiento hormonal

¿Recuerdas la tabla que vimos en uno de los primeros capítulos? Bueno, la pornografía afecta eso también…

- Adrenalina, endorfina, dopamina y vasopresina: La pornografía, produce una descarga repentina y anormalmente grande de estas hormonas, pero cada vez se requiere de un estímulo más intenso para producir la misma descarga. En otras palabras, así como ocurre con las drogas, ¡el cuerpo exige una dosis cada vez mayor! Así, lo que empezó como algo leve y casual, avanzará hacia el consumo de una pornografía más intensa y perversa.

- Oxitocina: La pornografía produce una descarga anormalmente enorme de oxitocina, sobre todo si hay un orgasmo. (En los varones, la descarga de oxitocina en un orgasmo es inmensa, por eso la mayoría de los usuarios de pornografía son varones, aunque no son los únicos). Esto crea un vínculo al cuerpo que te está estimulando, pero tu cerebro no distingue entre un cónyuge, una pareja casual, o una pareja virtual, y entonces tu cerebro entra en conflicto. Empiezas a tener más apego con personas virtuales y no con personas reales. Y luego el contacto con personas reales ya no produce oxitocina.

- Norepirefrina: La pornografía se ha intensificado de una manera monstruosa a lo largo de los años… Pasó de mostrar los tobillos (aunque no lo creas, algunas generaciones atrás esto era un escándalo) a las escenas grotescas que aparecen en películas, series, y por todas partes hoy en día. Y al ser un evento multisensorial, la experiencia produce muchísima norepirefrina. Así, todos los eventos pornográficos quedan guardados por siempre en la memoria, particularmente en la de los hombres, pues su memoria visual es más potente. Como consecuencia, la norepirefrina empieza a funcionar desproporcionadamente, trayendo a la mente las imágenes de forma recurrente e involuntaria.

Todos estos cambios bioquímicos producen, a su vez, diversos problemas sexuales. Muchas veces a la persona le sucede que ya no puede excitarse sexualmente con su cónyuge; solo puede con pornografía o erótica. Además, pierde la capacidad de obtener placer, porque nada produce una descarga tan grande de dopamina y oxitocina como la pornografía.

Como nunca antes en la historia, en los últimos años se ha registrado un gran número de varones con casos de disminución drástica del deseo sexual, disfunción eréctil, o incapacidad para tener relaciones sexuales[39]. Por increíble que parezca, estos casos se presentan principalmente en jóvenes de 20 a 29 años. Y no existe ninguna "pastilla azul" que ayude, porque el problema está en las hormonas, no en el pene.

9) PRODUCE ATROFIA EMOCIONAL Y SOCIAL

Aquí hay algunas consecuencias del consumo de pornografía que mucha gente desconoce:

Cuando una persona enfrenta un conflicto interpersonal, se libera cortisol, y la dopamina, las endorfinas y la serotonina disminuyen. Una persona con habilidades sociales y emocionales saludables es capaz de perdonar y confrontar para solucionar. Así, se estabilizan los niveles hormonales y se siente mejor. Un adicto a la pornografía, sin embargo, necesita su "paleta" para lidiar con la angustia que le producen los problemas, y no sabe cómo enfrentar los conflictos.

El consumidor de pornografía se vuelve flojo y aislado. La pornografía le proporciona placer instantáneo, mientras que construir una relación afectiva satisfactoria requiere trabajo y dedicación… Como consecuencia, suele quedarse sin amigos ni pareja.

Muchos usuarios caen en la pornografía buscando combatir el aburrimiento, enojo, frustración o estrés. Esto muestra que son incapaces de encauzar saludablemente sus propias emociones. En lugar de trabajar en sus sentimientos, usan la pornografía como una vía de escape.

Los usuarios casi siempre están descontentos, infelices, insatisfechos, porque ninguna actividad recreativa les produce la dopamina y oxitocina que les da la pornografía. Todo se vuelve "*meh*", todo les da lo mismo.

Quienes consumen pornografía son propensos a la depresión[40].

Es común que empiecen a perder el interés o a despreciar el matrimonio… ¿Te suena el haber oído que muchos jóvenes ya no se quieren casar nunca?

Se pierde el afecto natural por los niños, se les ve como un estorbo, se pierde el sentido de protección y el anhelo de paternidad. ¿Te suena que muchos jóvenes dicen que nunca tendrán hijos? (¡Y atención! La cultura pornográfica ha difundido su ideología en contra del matrimonio y los hijos, incluso dentro de la iglesia y entre no los usuarios).

Se pierde la empatía. Al usuario de pornografía no le importa la explotación sexual. Muchas de las actrices pornográficas son esclavas. (¡Sí, en pleno siglo XXI!). Y el tráfico de niños y adolescentes es principalmente para esclavizarlos trabajando en pornografía[41].

Los usuarios se vuelvan paulatinamente más hostiles y agresivos. El asesino serial Ted Bundy dio una entrevista el día de su ejecución, y en ella explicó cómo la pornografía lo había conducido a su conducta asesina[42].

La pornografía es la causa principal de:

la promiscuidad juvenil: Los usuarios inician su actividad sexual a edades cada vez más tempranas.

la violencia doméstica: La agresión física muchas veces se aprende de la violencia en la pornografía.

las desviaciones sexuales[43]: La enorme confusión en cuanto a identidad de género que vemos hoy día, es el resultado de la pornografía[44]. Así es, ¡no tiene que ver con el derecho a elegir, sino que muchas personas están siendo "educadas" por este falso maestro!

La pornografía también fomenta el abuso sexual y la "*rape-culture*" (cultura de la violación). Aunque no todo adicto a la pornografía se convierte en agresor sexual, todos los agresores sexuales son adictos a la pornografía[45].

Por todas estas razones, la comunidad científica tuvo un cambio radical en los últimos años en su posición con respecto a la pornografía. En los 80s, a los matrimonios que necesitaban feniletilamina para "volverse a enamorar", se les aconsejaba que vieran pornografía juntos. Con el paso de los años, los científicos descubrieron los resultados contraproducentes, y ahora aconsejan evitarla.

En sus cautivantes videos, Brian Goins concluye: *"No nos preguntemos si la pornografía está bien o mal. Sabemos que está mal. La pregunta debe ser: ¿vale la pena?"*[46].

¿Y qué pasa con la masturbación?

Antes que nada, debemos tener claro que hay una diferencia entre tocar los genitales y masturbarse. Tocar las partes privadas no tiene en sí nada de malo: Los niños pequeños se exploran por curiosidad, al igual que se exploran la nariz. También necesitamos tocar nuestros genitales si tenemos comezón, o cuando nos bañamos, o para revisar que todo esté bien (notar alteraciones), o para distinguir los cambios que se producen con la edad. La masturbación, en cambio, consiste en frotar los genitales para producir estimulación sexual e inducir un orgasmo.

Con la pornografía nos encontramos con un pecado evidente. Pero con la masturbación caemos en un "área gris", porque la Biblia no habla explícitamente en contra de ella. Sin embargo, debo advertirte que también tiene sus problemas:

• Algunos la llaman "la hermana menor de la pornografía", porque la mayoría de las personas se masturba mientras usan pornografía o imágenes eróticas.

- La masturbación produce adicción a algunas hormonas.

- También produce atrofia socio-emocional, como la pornografía.

Algunos de sus defensores alegan que la necesitan para liberar el exceso de sémen y evitar enfermedades, cosa que es falsa, según ya lo vimos unos capítulos atrás. También hemos analizado que el sexo a solas no cumple con los propósitos de Dios, y la pornografía claramente es sexo a solas.

Ahora bien, si la Biblia no dice explícitamente que sea un pecado, ¿entonces qué es? Algunos especialistas cristianos como Josh McDowell, James Dobson y Juli Slattery, han llegado a la conclusión de que la masturbación puede tomarse como "un signo de que algo anda mal". Es decir, existe una causa anormal que está oculta, la cual puede ser un pecado o no. Por ejemplo, la causa puede ser el uso de pornografía, o una adicción a la dopamina, o puede ser un síntoma en una víctima de abuso sexual. Estos tres escenarios son muy diferentes, y por ello es muy importante saber por qué alguien se masturba con regularidad, para poder abordar el problema con sabiduría.

Verdades acerca de la pornografía

Voy a ser directa con esto. No solo estás ofendiendo al Señor, sino que estás destruyendo tu vida. ¡Necesitas querer dejar la pornografía y trabajar intencionalmente para ser libre! Es muy triste ver adultos comportándose como niños, o ver jóvenes que no logran entablar un noviazgo, o que si se casan, se divorcian a los dos años, ¡y todo por causa de la pornografía!

Aquí te dejo algunos consejos por si te encuentras atrapado en este problema:

1) PIDE AYUDA

Se requiere trabajo en equipo, porque necesitas <u>romper el patrón de estar a solas</u>. Además de pedir ayuda al Señor, necesitas alguien que te escuche, que trabaje contigo, que te haga preguntas difíciles. Alguien a quien rendirle cuentas. Para esto, busca alguien más maduro que tú. Y tal vez necesites ayuda profesional. ¡Eso no tiene nada de malo!

2) TOMA ACCIONES

* Extirpa

"Así que si uno de tus ojos te hace pecar, sácatelo y échalo lejos. Es mejor perder un miembro del cuerpo, y no que el cuerpo entero sea echado al infierno. Y si tu mano derecha te conduce al pecado, córtatela y échala lejos. Es mejor quedarse manco que ir al infierno".

Mateo 5:29-30

El Señor Jesús no está dando aquí una instrucción literal, sino usando una hipérbole para enfatizar un punto crucial. ¡Corta de cuajo todo lo que te haga caer! Cancela tu suscripción a Star+ o HBO, corta con amistades, saca la computadora de tu cuarto, no navegues a solas, no duermas con tu celular en la mano. Literalmente levántate, aléjate, cuelga, apaga, voltea la mirada. ¡Dios no espera que seas tan fuerte como para resistir sin moverte!

* Sustituye

"...dedícate a seguir la justicia, la fe, el amor y la paz, y hazlo

junto con los que aman al Señor con toda sinceridad".
2 Timoteo 2:22b

Para dejar de enfocarte en lo malo, necesitas comenzar a enfocarte en lo bueno. No hay punto intermedio. No puedes dejar ese espacio vacío, necesitas llenarlo. Así que primero extirpa la pornografía, y luego comienza a llenarte de todo lo que nutra tu alma y espíritu. Transformar tu ser interior puede incluir realizar actividades edificantes, como llenarte de la Escritura junto a una comunidad de gente piadosa. ¡Así es como se echan raíces y se produce buenos frutos!

¡CORTA DE CUAJO TODO LO QUE TE HAGA CAER!

Verdades acerca de la masturbación

Por ahora hablaré solo de los primeros dos escenarios que mencionamos antes: el pecado y la adicción.

> *"«Todo me está permitido», pero no todo es para mi bien. «Todo me está permitido», pero no haré nada que luego pueda dominarme… Ahora bien, el cuerpo no está hecho para la inmoralidad sexual, sino para el Señor; y el Señor para el cuerpo".*
1 Corintios 6:12-13

La frase que aquí se traduce como "para mi bien" proviene de griego *sumféro*, que significa útil, que te da ventaja, que te hace avanzar hacia una meta, que promueve el desarrollo espiritual o del carácter. La masturbación no te da ninguno de estos beneficios, porque no cumple el propósito de Dios (ya que es sexo a solas). Además, como se convierte en adicción muy fácilmente, te domina y te esclaviza. Entonces la masturbación se convierte en tu amo. Y como si esto fuera poco, sus efectos secundarios son similares a los de la pornografía, y acompañada de ésta, se convierte en pecado.

¡Tu cuerpo pertenece al Señor, no a la inmoralidad! Mira este otro verso:

"Así que, amados hermanos, ustedes no están obligados a hacer lo que la vieja naturaleza les dice".

Romanos 8:12

DESCARTA EL MITO DE QUE LA PORNOGRAFÍA Y LA MASTURBACIÓN SON INOFENSIVAS, Y DE QUE "PUEDES DEJARLAS EN EL MOMENTO QUE TÚ QUIERAS", PORQUE ESAS SON LAS PALABRAS DE UN ADICTO

Descarta el mito de que la pornografía y la masturbación son inofensivas, y de que "puedes dejarlas en el momento que tú quieras", porque esas son las palabras de cualquier adicto. ¡No dejes que los medios te laven el cerebro!

Y recuerda siempre: ¡Tu carne no manda! Tú puedes someter el urgente deseo de dopamina. No tienes por qué ceder la tentación. Tu vieja naturaleza no está al mando. Si ya naciste de nuevo, tienes al Espíritu Santo viviendo en ti, quien te da el poder para vencer a tu carne. ¡Eres un hijo o una hija de Dios con la autoridad para "matar" a tus deseos corporales y tener vida y libertad!

MITO 12: DIOS NO PERDONA EL PECADO SEXUAL

Tristemente, este es otro "mito cristiano" que flota en el aire de muchas de nuestras iglesias. Pareciera que el Señor puede perdonar cualquier cosa *excepto* la inmoralidad sexual, sin importar cuántas veces uno le pida perdón. Hay un dedo acusador para aquellos que "se comieron la torta antes del recreo". La enseñanza es que "una hoja blanca que se manchó, nunca se puede limpiar totalmente".

¡Necesitas descartar este mito ya mismo! Es sumamente condenatorio, y además, ¿sabes qué me molesta? Que los jóvenes son los que cargan con el mayor peso de este mito. ¡Venimos arrastrando una cultura de acusar sólo a los jóvenes, pero no a los mayores! La iglesia se enfoca mucho en regañar a los chicos que son encontrados besándose apasionadamente, pero mira para otro lado cuando el líder de los ujieres, cuarentón y casado, es fan del *soft-porn* o de los clubes de *strippers*.

Además, se ha sembrado la idea de que la soltería es una especie de maldición que necesita ser solucionada, y se organizan eventos para encontrarle cónyuge a todo el mundo, ¡como si el matrimonio fuera la solución al pecado sexual! Créeme, ¡no lo es!

Por este mal manejo del tema, hay muchos jóvenes en las iglesias que…

• se sienten perdedores por ser solteros; se sienten "incompletos" o "menos espirituales".

• sienten que la soltería es una especie de purgatorio, sala de espera, castigo, o estado civil de segunda clase.

• idolatran la idea del matrimonio; lo ven como su meta máxima en la vida. (Sí, también las cosas "cristianas" se pueden convertir en ídolos).

• se sienten condenados por sus luchas sexuales, y no tienen con quién hablarlo porque temen que serán desechados, o directamente piensan que no hay remedio, que el pecado sexual es imperdonable.

Ninguna de estas situaciones es saludable. ¡Espero que tú no te sientas así nunca!

La verdad

Tal vez te estés preguntando: ¿Qué pasa si leí este libro demasiado tarde? ¿Qué pasa si tengo un pasado "sucio"? ¿O qué pasa si un día cedo a la tentación? ¿Qué pasa si no logro llegar al matrimonio "en blanco"? Si "ensuciaste tus ropas", quiero mostrarte el camino…

1) TIENES QUE RECONOCER TU CULPA

Lo primero que debes hacer es reconocer que estropeaste el plan de Dios. Él tenía un súper plan y tú, al igual que Adán y Eva, echaste las cosas a perder. Te deberías sentir culpable ¡porque eres culpable! (Sé que escuchar esto duele, pero es la verdad… Sin embargo, este es el primer paso, no el último. ¡No te desanimes y sigue leyendo!).

2) TIENES QUE LIDIAR CON LAS CONSECUENCIAS

Este paso también puede ser difícil, ya que probablemente tengas que lidiar con consecuencias como un corazón roto, una adicción, o la llegada de un bebé.

3) NECESITAS PONERTE A CUENTAS CON DIOS

Confiesa sinceramente tu pecado ante Dios y recibe su perdón.

> *"¡Vengan y aclaremos las cuentas! —dice el Señor—, por profunda que sea la mancha de sus pecados, yo puedo quitarla y dejarlos tan limpios como la nieve recién caída. ¡Aunque sus manchas sean rojas como el carmesí, yo puedo volverlas blancas como la lana!".*
>
> Isaías 1:18

Ten presente la definición de "pureza": Nosotros no podemos hacernos puros, solo la sangre de Cristo nos hace puros y limpios. Es obra de Él, no nuestra[47]. Lo más que nosotros podemos hacer es tratar de no ensuciar la "túnica blanca" que Jesús nos regala cuando nacemos de nuevo. Pero si la ensuciamos, podemos volver a Él para que nos limpie de nuevo…

> *"Pero si confesamos a Dios nuestros pecados, él, que es fiel y justo, nos perdonará y nos limpiará de toda maldad".*
>
> 1 Juan 1:9

En griego, "confesar" significa decir las mismas palabras. Confesar tus pecados significa que tus palabras estén alineadas con la Escritura. Que digas: "Sí, lo que hice es pecado. ¡Me duele haberte ofendido, Señor! Perdóname. A partir de hoy quiero vivir para darte honra".

La palabra griega para "limpiar" significa eliminar toda impureza y quitar la culpa. ¡Tu pureza es restaurada por Dios, y ya no hay culpa que perseguir!

Es mentira eso de que "si pecas sexualmente te vas directo al infierno". ¡Dios sí perdona el pecado sexual, como lo hace con cualquier otro pecado!

¡DIOS SÍ PERDONA EL PECADO SEXUAL, COMO LO HACE CON CUALQUIER OTRO PECADO!

El pecado sexual no te convierte en una persona de menos categoría. Tan solo eres alguien que necesita ponerse a cuentas con Dios y ser restaurado por Él.

¿Recuerdas al hijo pródigo de Lucas 15? Este muchacho se gastó su herencia en una depravación total. Pero un día volvió en sí, reconoció su pecado, y regresó a casa de su padre para ser perdonado. El padre lo recibió con los brazos abiertos, rompa limpia y una fiesta. ¿Por qué ese hijo puede ser perdonado y tú no?

4) DEBES DESCANSAR EN DIOS

¡Dios te perdona absolutamente! Mira los siguientes versos:

"Yo les perdonaré sus maldades y nunca más me acordaré de sus pecados".

Hebreos 8:12

"Ha arrojado nuestros pecados tan lejos de nosotros como está el oriente del occidente".

Salmos 103:12

"Volverás a tener compasión de nosotros. ¡Aplastarás nuestros pecados bajo tus pies y los arrojarás a las profundidades del océano!".

Miqueas 7:19 (NTV)

Confía en su perdón. Pídele al Señor que te renueve, que te transforme, que te rescate de tus errores pasados y te permita incluso olvidar esos eventos. Dios está por encima del funcionamiento hormonal. ¡Él puede hacerte totalmente nuevo de una manera milagrosa!

LO IMPORTANTE ES QUIÉN ERES EN CRISTO A PARTIR DE HOY. EL PASADO QUEDA ATRÁS. TÚ SIGUE ADELANTE

Conozco personas que vivían en fornicación, adulterio, prostitución, pornografía y toda clase de perversiones sexuales, y que hoy viven en libertad, renovados, y felices con la nueva vida que el Señor les dió.

"Por lo tanto, si alguien está unido a Cristo, es una nueva creación. ¡Lo viejo ha quedado atrás y lo nuevo ha llegado!".

2 Corintios 5:17

Descansa en Dios. Lo importante es quién eres en Cristo a partir de hoy. El pasado queda atrás. Tú sigue adelante.

5) NECESITAS VOLVER A EMPEZAR

¿Recuerdas la negación de Pedro? Antes de que lo hiciera, Jesús le dijo: *"cuando eso pase y tú te hayas vuelto a mí..."* (Lucas 22:32). La palabra griega para "volver" significa detenerse y dar la vuelta en U. Literalmente significa "revertir". ¡Jesús sabía que Pedro regresaría! Y si Pedro pudo volver a empezar, ¡tú también puedes!

No te estanques en la culpabilidad. Levántate y vuelve a empezar. Hay personas que cuando reciben el perdón de Dios, toman decisiones tales como: "No volveré a tener relaciones sexuales hasta que me case", o "No volveré a ponerme en riesgo", o "Entraré a un programa para rehabilitarme de mi adicción a la pornografía". ¡Así es como se retoma el camino!

No se trata de negar el impulso sexual sino de canalizarlo. ¡Puede ser energía para hacer otras cosas edificantes!

6) DEBES SEGUIR BUSCANDO LA INTEGRIDAD SEXUAL

¿Qué le dijo Jesús a la mujer sorprendida en adulterio? Él le dijo: *"Yo tampoco te condeno. Vete y no vuelvas a pecar"* (Juan 8:11). En otras palabras: a partir de hoy, construye integridad sexual. Busca vivir tu sexualidad con madurez.

Para esto, las claves son: 1) alejarte del pecado, y 2) estar junto a Jesús, en continua intimidad espiritual con Él.

Aprende a detectar y evitar las situaciones de riesgo. Si sabes que ciertos lugares o actividades te llevan a la tentación, cambia de plan o sustitúyelas por otra cosa. No intentes ser fuerte, ¡simplemente aléjate de ellas!

Para mantenerte en el camino correcto, es bueno que periódicamente te hagas estas preguntas:

- ¿Qué porcentaje de mi vida sexual refleja mi amor por Dios y por los demás?

- ¿Qué tanto reflejo a Cristo a través de mi relación amorosa?

- ¿Qué hábitos o actividades estorban o dificultan mi integridad sexual?

- ¿Cómo influyen las personas de mi entorno en mi integridad sexual? ¿Construyen o destruyen?

¿Y qué pasa si no logro dejar el pecado?

La respuesta es: DEPENDE.

Absolutamente *todos* pecamos a diario. En Hebreos 11:25 y Tito 2:12 leemos que el pecado causa placer. Por eso pecamos, porque inicialmente es placentero. ¡Si causara dolor inmediato, nadie pecaría!

La gran diferencia está en nuestra actitud. Hay dos tipos de personas:

SI SABES QUE CIERTOS LUGARES O ACTIVIDADES TE LLEVAN A LA TENTACIÓN, CAMBIA DE PLAN O SUSTITÚYELAS POR OTRA COSA. NO INTENTES SER FUERTE, ¡SIMPLEMENTE ALÉJATE DE ELLAS!

Por un lado, están aquellos que pecan recurrentemente porque la sensación les gusta y desean volver a sentir el placer que les produce *ese* pecado. Incluso planean cómo, cuándo, y dónde pecarán, y cuánto lo disfrutarán. No sienten remordimiento. Se justifican con argumentos. Se escudan en la gracia para seguir en libertinaje, sin prisa por arrepentirse ante Dios, porque "Dios me entiende" o "Dios me ama tal como soy".

Por otro lado, están aquellos que pecan en intervalos cada vez mayores porque les pesa el caer en tentación y ofender a Dios. Les duele y se avergüenzan, como Pedro la noche que negó a Jesucristo. El Espíritu Santo les da convicción de pecado y acuden pronto a la presencia del Señor en arrepentimiento sincero. ¡Desearían no volver a pecar nunca más! Por eso buscan constantemente mejorar su corazón, madurar en la fe, y cambiar de conducta para pecar cada vez menos.

¿Cuál tipo de persona eres tú? ¿Te duele cada vez que pecas? ¿Pides al Señor fuerza y estrategias para vencer el pecado? ¿O ese pecado ya es rutinario y (aparentemente) no entra en conflicto con tu fe? ¿Te importa ofender al Señor con tu pecado, o te lamentarías solo si te descubren?

¡Sé honesto/a, por favor, e identifica bien qué tipo de persona eres!

Si eres una persona como las del primer grupo que describí, es muy probable que no hayas nacido de nuevo, que no te hayas reconciliado con Dios. *Si te volviste insensible al pecado, tienes un problema mayor que haber pecado; necesitas revisar tu conexión personal con Jesús*[48]. ¡En este caso, verificar tu salvación es la prioridad! No importa si creciste en un hogar cristiano, si cada domingo te congregas, si cantas en el coro, si siempre fuiste a la escuelita infantil o si ya te bautizaste. Una vida de "alegre pecado" es una luz roja que ayuda identificar a aquellos que parecen ser hijos de Dios pero no lo son. ¡Los verdaderos hijos de Dios odian el pecado! (Romanos 7:15 y 24-25, 2 Corintios 13:5, 1 Juan 3:8-9).

Piensa en cualquier pecado. ¿Lo detestas? ¿Odias la fornicación, la mentira, la pornografía, la envidia, etc.? Adrián Rogers decía que un verdadero hijo de Dios puede pecar, pero la clave está en que no *desea* hacerlo. Y Charles Spurgeon decía que los hijos de Dios nunca son felices en el pecado.

Si no te molesta el pecado, haz una pausa en este momento y rinde tu vida al Señor. El Señor trata muy diferente el pecado de uno de sus hijos que el pecado de un extraño. ¡No seas un extraño!

Y si eres una persona del segundo grupo, entonces lo único que necesitas es ponerte a cuentas con Dios. Hay pecados que se van instantáneamente: te arrepientes, los confiesas, pides perdón y, de forma sobrenatural, nunca vuelves a batallar con ellos. Pero el Señor sabe que hay pecados que nos cuestan, y en esos casos volveremos a Él después de tropezar con la misma piedra, avergonzados, dolidos y hasta enojados con nosotros mismos. ¡Él siempre nos recibirá con los brazos abiertos, listo para abrazarnos! Retomemos el ejemplo de Pedro: La negación de Jesús fue un pecado que no volvió a cometer después de ser restaurado. Por otro lado, su boca imprudente es algo que volvemos a ver en el Nuevo Testamento... pero por la obra del Espíritu Santo en él, Pedro es cada vez menos imprudente, y cada vez más santificado.

> **UNA VIDA DE "ALEGRE PECADO" ES UNA LUZ ROJA QUE AYUDA IDENTIFICAR A AQUELLOS QUE PARECEN SER HIJOS DE DIOS PERO NO LO SON**

Pídele hoy al Señor la fuerza y las estrategias para romper con el ciclo del pecado en tu vida de una vez por todas. Si Dios pudo perdonar y renovar a Rahab, a Pedro, a David, y a la mujer adúltera, puede perdonarte y renovarte a ti también. ¡Dios no se dará por vencido contigo!

Este mito requiere ser tratado con sensibilidad, porque es un tema doloroso. De hecho, este mito es la mentira más infame. Hace que los mitos anteriores parezcan insignificantes, porque su atrocidad y sus daños son "de otra liga". Cambia totalmente las reglas del juego. Como dicen en mi tierra, este mito "se cuece aparte".

La triste realidad

El abuso sexual es un pecado que ha existido desde tiempos inmemoriales, pero la mayoría de las veces queda impune porque se lo toma como si hubiera sido un acto consensuado. Quiero enseñarte algunas cosas al respecto y también hablarte desde mi experiencia...

¿Qué es "actividad sexual"?

Es estimular los genitales, pechos, o ano, para producir excitación y placer sexual, a través de mostrar desnudez, o de tocar, o por medio del contacto oral-genital o de penetración. Ten en mente esta definición.

¿Qué es "abuso sexual"?

Es toda actividad sexual <u>sin consentimiento</u> (de ahí la conexión con la palabra "consensuado").

También se le llama "agresión sexual", porque son actos que atentan contra la libertad sexual de una persona empleando violencia o intimidación[49]. Nota que la característica diferencial es que <u>no hay consentimiento</u>. Por ello el *sexting* y los grupos de *nudes* también se consideran abuso, y se castigan con cárcel en muchos países.

Además, *"no es obligatoriamente tener contacto físico. Se considera abuso cuando un adulto se masturba frente a un niño, se desnuda frente a él o toma fotos del niño desnudo"*[50].

Se pueden diferenciar dos tipos principales de abuso:

1. Asalto. Es cuando una persona, normalmente desconocida, ataca sorpresivamente a otra y la somete.

1. Acoso. Es cuando alguien, que normalmente pertenece al círculo cercano de la víctima, abusa de la persona manera sutil y gradual. Acosar es acechar y perseguir a la presa. El acosador es un depredador, y el acoso es un proceso que empieza con un abuso emocional.

Dependiendo de dónde vivas, entre el 80% y el 95% de los casos de abuso sexual caerán en la categoría de "acoso", es decir que los agresores son el tío, el papá, el pastor, el entrenador, el primo, el hermano, la vecina, la profesora, la líder, etc. Dentro de este tipo de abuso, la mayoría de los casos son incesto (un familiar consanguíneo es quien abusa), y lo más común es que sea un hombre el que abusa de una mujer, pero puede ser al revés o entre personas del mismo género.

Ahora bien, hay algunas claves que sirven para identificar el abuso y diferenciarlo de un acto consensuado:

- Hay una diferencia de rango/autoridad. (Como la víctima se siente obligada a obedecer, no puede dar consentimiento voluntario).

- Hay una diferencia de edad. (La persona de más edad usa su mayor astucia y su capacidad de intimidación contra la ingenuidad de la persona menor).

- La víctima es un niño o una niña. (Un menor de 17 años no tiene la madurez necesaria como para consentir voluntaria y objetivamente el inicio de una actividad sexual. Además, en estos casos los daños son mucho mayores).

EL ABUSO SEXUAL ES UN PECADO QUE HA EXISTIDO DESDE TIEMPOS INMEMORIALES, PERO LA MAYORÍA DE LAS VECES QUEDA IMPUNE PORQUE SE LO TOMA COMO SI HUBIERA SIDO UN ACTO CONSENSUADO

Por ejemplo, un profesor con un alumno jamás podría considerarse como un acto consensuado. Es claramente un abuso porque: 1) hay una diferencia de autoridad 2) hay una diferencia de edad 3) hay un menor de edad.

Otros escenarios similares pueden ser: un tío con una sobrina, un primo adolescente con un primito infante, una jefa con un empleado joven, un pastor o líder con un congregante, etc.

Mi historia

Cuando yo era niña, vivía en un vecindario lleno de niños de diversas edades. Salíamos a jugar a la calle cada tarde. Cierta vez, cuando yo tendría unos 6 años, uno de los más grandes trajo un carro hecho a mano. Era como una patineta enorme en la que cabíamos varios niños. Entre gritos de alegría, algunos se sentaban sobre el carro y los demás empujaban un largo tramo;

luego se cambiaban turnos. Cuando yo me subí, detrás de mí se sentó uno de los niños mayores. Pero en vez de sujetarse de mi cintura, como hacíamos todos con el que estaba delante, él se agarró de mi vulva. Me asusté y corrí a mi casa, pero no se lo conté a nadie porque por alguna razón sentía como si yo hubiera hecho algo malo.

Años después, a mitad del bachillerato, fui al cine con mis amigas. Entre la multitud que se apretujaba para pasar, una persona me pellizcó un glúteo. Volteé a ver quién haba sido, pero solo vi una masa de gente moviéndose.

En esa misma época, salí a pasear una noche con unos amigos de la escuela. En el automóvil, yo iba en el asiento de atrás con un compañero. De regreso a casa, este chico me besó a la fuerza y me tocó el pecho. Me asusté tanto que me quedé en shock y nunca le dije nada a nadie. La chica y el chico que iban en el asiento delantero no vieron nada, o fingieron no ver. Después de esa noche, mi compañero nunca más volvió a dirigirme la palabra.

Años después, diversas personas cercanas a mí me revelaron que ellos también habían sufrido algún tipo de agresión sexual en su infancia o adolescencia...

- Un amigo de la familia les miraba mientras se bañaban.

- Un líder de la iglesia les forzaba a hacer "cosas sucias".

- La mamá del vecinito les mostraba pornografía frecuentemente.

- El diácono les enviaba *dick-pics* o las obligaba a participar en *sexting.*

- El profesor apoyaba su pene erecto sobre el cuerpo de algunas alumnas.

- Su papá le introducía sus dedos en la vagina cuando era

pequeñita.

- Un primo mayor los violaba durante las reuniones familiares.

- Su papá abusaba de ella al regresar de la iglesia.

- El hermano mayor violaba a las hermanitas.

- El director usaba a las alumnas como su "harén" privado (y su prometida era su asistente).

¡Tantos hombres y mujeres sufriendo durante años en silencio por un agresor cercano!

Mi país es el número 1 en abuso sexual infantil, y en la región donde vivo, 1 de cada 3 niños sufrirá algún abuso sexual antes de llegar a los 10 años de edad. Pero este problema no es exclusivo de mi país. Uno oye sobre escándalos sexuales en todos lados: en universidades prestigiosas, entre figuras del cine y de los deportes, en la Iglesia Católica o en la Convención Bautista del Sur. Sé que es difícil asimilar que alguien de tu familia, o de tu congregación, o un amigo de la familia pueda ser un agresor sexual, ¡pero cientos de estadísticas y testimonios dan veracidad de esta triste realidad!

¿Cómo identificar a un acosador?

Como el acoso es la clase más común de abuso, quiero que conozcas el perfil de un acosador para que seas capaz de identificarlo rápidamente y ponerte a salvo[51].

Recuerda que el agresor puede ser hombre o mujer. Ahora vamos a desenmascarar su metodología. Estos son los pasos que suele seguir un acosador:

1) ELIGE UNA VÍCTIMA

Los acosadores usualmente buscan a alguien que sea emocionalmente vulnerable: un marginado, o un antisocial, o alguien que esté pasando un tiempo difícil en su familia (por salud, trabajo, etc.). Eligen a alguien a quien no cuidan de cerca, o a alguien que tiene un padre ausente (física o emocionalmente). Algunos acosadores aprovechan el fácil acceso que tienen a las víctimas: un médico, un profesor, un familiar que actúa como mentor, etc.

Objetivo de esta etapa:

*   Encontrar a alguien fácil de abusar, y que no les cause problemas.

2) INICIA EL CORTEJO

El acoso comienza como algo amable, sutil, gradual, imperceptible. El abusador empieza a cortejar a la presa, pero no románticamente. ¿Recuerdas en la película de Nemo, cuando Marlín y Dory están en el fondo del mar y empiezan a ser "enamorados" por una lucecita que los hace sentir bien, pero en realidad es un pez monstruoso que se los quiere comer? De forma similar, el acosador no quiere ahuyentar a la presa sino persuadirla.

El "cortejo" también se hace a la comunidad que la rodea. A veces, de hecho, se hace primero con la comunidad.

Objetivos de esta etapa:

*   Que la futura víctima se familiarice con su conducta sexualizada. (Que viendo, no vea).

*   Que se sienta en confianza y baje la guardia.

3) SE HACE INDISPENSABLE Y CONFIABLE

El acosador hace creer a todos que es alguien imprescindible, que está ahí para ayudar. Siempre parece muy espiritual, o muy empático. Es carismático, amable, servicial, agradable. Se autopromociona para todo; siempre tiene la respuesta o la solución. Cuida su buena imagen; es la persona ideal. Es hábil para hacerles creer a todos que tiene la mejor intención. Así, pasará cada vez más tiempo conviviendo con la víctima.

EL ACOSO COMIENZA COMO ALGO AMABLE, SUTIL, GRADUAL, IMPERCEPTIBLE

Objetivo de esta etapa:

- Construir una gran confianza en la víctima y la comunidad (es un gran manipulador). De este modo, si alguien los acusa, nadie lo puede aceptar. Cuesta mucho creerle a la víctima, e incluso defiendan al agresor porque "es tan buena gente".

4) BUSCA CONTACTO FÍSICO EN PÚBLICO

Los acosadores muestran mucho contacto físico: abrazar, acariciar el cabello, hacer cosquillas, cargar a los más pequeños, dar un masaje en los hombros, etc. Lo hacen con todos, no solo con la víctima, pero paulatinamente el contacto físico con la víctima se hace más frecuente, prolongado e íntimo.

Objetivos de esta etapa:

- El acosador quiere verificar si la víctima lo nota. Si replica, regresa al proceso de construir confianza.

- Paralelamente, quiere verificar si los demás lo notan. Si le llaman la atención, se excusa diciendo que era algo inocente. Entonces busca otra víctima que esté menos supervisada, o busca una comunidad donde sean menos asertivos para confrontar el problema. Si no le dicen nada, sigue su labor. Con el tiempo la comunidad se acostumbra, ven esa conducta como normal, y dejan de prestar atención...

5) FORMA UN VÍNCULO EMOCIONAL

El acosador hace sentir especial a su víctima, usando diversas estrategias:
* Le dedica más tiempo y atención que a otros
* Le ofrece cierta información o actividad exclusiva
* Le elogia en público
* Le da regalos o dinero
* Le trata como su favorito/a
* Le dice cosas como: "Nadie te quiere como yo", o "Eres mi motivación", o "Eres una bendición para mí", etc.

Objetivo de esta etapa:

- Hacer a la víctima más vulnerable, pues se confía al sentirse muy especial.

6) SIEMBRA DISCORDIA

El abusador manipula a la víctima diciéndole que su familia y amigos no la quieren, no la entienden, son malas personas, o cosas por el estilo. En la comunidad, habla mal de unos con otros.

Objetivos de esta etapa:

- La víctima pierde confianza en los demás, por lo que no les revelará del abuso.

- Si la víctima llegara a denunciarlo, es poco probable que

alguien la ayude porque todos están enojados con todos; no hay unidad para apoyar a la víctima.

7) AISLA

Con discordia, intimidación o chantaje, el acosador va aislando a su víctima. Sutilmente le prohíbe convivir o pasar tiempo con amigos y familiares; o asistir a reuniones propias de su edad o de su grupo de jóvenes.

Objetivos de esta etapa:

- Ejercer control sobre la víctima y tenerla solo para sí.

- Evitar que la víctima pueda pedir ayuda.

8) FUERZA LA INTIMIDAD COMPARTIENDO ALGO PRIVADO

APRENDE A DIFERENCIAR ENTRE SECRETOS BUENOS Y SECRETOS MALOS

La intimidad relacional normal se va dando con la convivencia y el paso del tiempo. Así es como las personas pasan de ser "conocidos" a mejores amigos. El agresor quiere acelerar este proceso artificialmente, y lo hace compartiendo un secreto, un problema familiar, o alguna información privilegiada. Siempre deja en claro que "esto no lo sabe nadie, solo tú y yo", o que "tú nunca debes contar esto", o que "es nuestro secreto".

Objetivos de esta etapa:

- Crear un vínculo exclusivo mediante el chantaje. El acosador manipula a la víctima haciéndola sentir más digna de confianza que los demás.

- Acostumbrar a la víctima a la sumisión y la obediencia

ciega mediante una intimidación sutil.

¡Por favor, aprende a diferenciar entre secretos buenos (como una fiesta sorpresa) y secretos malos (que te hacen sentir en peligro o incómodo/a)[52]!

9) CASTIGA

Su hambre de control emocional sobre la víctima es tal, que si esta no sigue sus reglas la castiga con consecuencias tales como:

- le aplica la ley de hielo
- elige públicamente a otro/a favorito/a
- le hace reclamos exagerados, del tipo de "¡Cómo pudiste…!"
- le aplica un abuso físico sutil (pequeños golpes, empujones, o jalones de cabello).

Objetivo de esta etapa:

- Aumentar el control emocional y la sumisión ciega.

10) MUEVE LOS ENCUENTROS A UN ESPACIO DIFERENTE

En esta etapa el abusador propone un lugar distinto a donde se ven usualmente. Por ejemplo, cambia del patio escolar a la oficina privada. O pasa de hablar en persona a hablar por redes sociales o por teléfono.

Objetivos de esta etapa:

- Tener más control sobre la víctima.

- Buscar un espacio donde pueda controlar la situación a su antojo.

- Verificar si alguien le llama la atención.

11) INVADE EL ESPACIO PERSONAL

Ahora el acosador se aparece por sorpresa en un lugar donde normalmente no estaría: la escuela, el trabajo, la iglesia, o en una actividad extra curricular. También envía mensajes a deshoras. Y aquí quiero abrir un paréntesis para hablarte de esto, porque es importante. Los mensajes privados (por chat, WhatsApp, Messenger, DM, etc.) no deben tomarse a la ligera. Muchos chicos tienen migrañas y problemas de desarrollo[53] porque en vez de dormir están despiertos frente a una pequeña pantalla hasta altas horas de la noche. Además, no deberías estar mensajeando a altas horas de la noche o en la madrugada *con nadie*, porque los mensajes son una manera muy efectiva de manipular,

LOS MENSAJES SON UNA MANERA MUY EFECTIVA DE MANIPULAR, Y PODRÍAS ESTAR SIENDO OBJETO DE ABUSO SIN DARTE CUENTA.

y podrías estar siendo objeto de abuso sin darte cuenta. De todas maneras, aprende a diferenciar: Una persona que te envía mensajes en la noche, te cuenta sus problemas, y tiene contigo más contacto físico que otros, puede ser tu mejor amigo o tu prima del alma, y no un abusador potencial. Recuerda todas las claves del acoso. (Pero aun así, ¡apaga tu celular cada noche!)

Objetivos de esta etapa:

- Imponer su presencia, su jerarquía y su dominio en cada espacio, ambiente y momento del día de la víctima.

- Tener el control de toda la persona.

- Transmitir la idea de que él o ella es quien manda (la sumisión y la obediencia crecen sin que la víctima se percate).

12) CRUZA LOS LÍMITES DECENTES Y COMETE LA AGRESIÓN

En algún momento el acosador ofrecerá alcohol, drogas, o

invitará a la víctima a una reunión privada en su casa. Al haber una acción incorrecta de por medio, la víctima sentirá vergüenza de revelárselo a alguien.

Usualmente, cuando se rompe la decencia, empiezan las amenazas: que si se lo cuentas a alguien me suicido, te golpearé, nadie te creerá, contaré a todo el mundo tus secretos, lastimaré a tu familia, mataré a tu mascota, o me meterás en problemas y será tu culpa. (Las amenazas pueden ser sutiles o muy directas).

Probablemente en esta etapa el acosador cometerá la agresión sexual (recuerda la definición que te di al principio), aunque realmente ya lleva mucho tiempo abusando emocionalmente de la víctima.

Objetivos de esta etapa:

- Avanzar en el abuso emocional y sexual.

- Manipular a la víctima para mantenerla callada y poder seguir abusando.

Aquí quisiera hacer un alto para explicarte que solo algunas de las víctimas se dan cuenta del abuso sexual, porque sienten la brusquedad repentina en el trato. Y aunque lo noten, la inmensa mayoría no revela a nadie lo que ha sufrido. ¿Por qué? Hay muchas posibles razones:

- Son tan jóvenes que no entienden lo que les están haciendo.

- Entran en shock o pánico y no saben qué hacer.

- Sienten mucha vergüenza de hablar de algo tan privado.

- Creen que tienen la culpa y piensan que los van a regañar o juzgar.

- Sienten culpabilidad de acusar al agresor porque lo lastimarían y piensan "Pobrecito/a".

- Están tan manipulados emocionalmente que no tienen la claridad mental como para percibir el abuso emocional y sexual. Están como "hipnotizados".

- Y la lista podría continuar...

13) CONFIESA UNA LUCHA RELACIONADA CON EL ABUSO

En algún punto de todo el proceso, el abusador suele compartir con su víctima algún secreto estratégico. Por ejemplo, que tiene problemas de salud sexual, o que siempre ha batallado con la tentación, o que fue víctima de abuso en su niñez, o que tiene problemas conyugales.

Objetivos de esta etapa:

- El abusador tiene un argumento para alegar que "fue un acto consensuado".

- Si la víctima lo acusa o alguien lo ve, tener un as bajo la manga y así justifica su mal comportamiento, diciendo que "ya se sabía", y que no tiene la culpa porque "sufre de algo".

- Esta confesión hace que la víctima le tenga lástima. Al mostrarse vulnerable, les hace creer al afectado y a la comunidad que tiene una gran necesidad de ser comprendido y apoyado. Por lo tanto, sería "una gran injusticia" si llegara a ser expulsado o encarcelado.

- Pretende invertir los papeles. El acosador se instala en papel de víctima, y entonces los insensibles malvados serían el afectado y la comunidad, por no tener compasión de sus problemas. Así, hace sentir culpable a la víctima por hablar, como si fuera mucho peor revelarlo, que la agresión cometida. ¿Notas el abuso emocional constante?

Qué fuerte es todo esto, ¿cierto? Pero te lo comparto porque necesitas abrir los ojos. ¡Créeme cuando te digo que estos agresores están en todos lados y son más comunes de lo que imaginas, incluso en los círculos cristianos!

¿Por qué existen los abusadores?

La respuesta es sencilla: existen porque hay personas que no temen al Señor. Recuerda que entre más lejos del Señor, más perversión sexual.

Según los especialistas, todos los abusadores tienen un complejo de superioridad, "se sienten Dios", les encanta ejercer poder sobre sus víctimas[54], y cuando se les confronta, no se arrepienten genuinamente[55]. Están tan cegados por su ego que insisten en culpar a la víctima y en decir que fue un "acto consensuado". Si llegan a pedir perdón, solamente es para librarse de la cárcel o de ser expulsados de la familia o iglesia, y no porque de verdad les duela su pecado. Mientras les sea posible, seguirán negando, mintiendo, manipulando, y jurando que fue un acto consensuado para quedar como inocentes y poder seguir pecando.

La verdad

La verdad para el abusador

Aunque el abuso no distingue géneros, empezaré con una palabra para los varones: ¡A las chicas no nos gusta que nos presumas sobre con cuántas te acostaste antes, ni que nos chiflen en la calle, que nos escaneen con la mirada, ni que nos digan vulgaridades en las redes, ni que nos insistan si ya dijimos que no! No necesitamos ser convencidas, ¡y sí sabemos lo que queremos! No pienses que "no pasa nada". No creas que nos estamos haciendo las delicadas. No creas que por ser hombre puedes cruzar la línea del respeto.

Ahora va una palabra para para ambos, hombres y mujeres: Una persona no se convierte en agresor de la noche a la mañana. Paso a paso se va dando libertades y otorgando concesiones. No te engañes a ti mismo/a solo porque tienes un cargo de autoridad. Ser pastor o diaconisa, o la tía o el entrenador, no te da derecho a ejercer poder otro. ¡Las víctimas fáciles de seducir no son un premio del Señor!

Si la otra persona te dice que no le gusta, que se siente incómodo/a, que cambió de parecer, o que ya no quiere ceder a tus presiones, entonces acéptalo: no es un acto consensuado, es abuso. Si tienes que amenazar, persuadir, intimidar, chantajear, o poner un sedante en su vaso, es abuso. Si la persona no estaba con sus cinco sentidos alerta, si estaba durmiendo o inconsciente[56], es abuso. Si es menor de edad, es abuso.

SI TE SENTÍAS OBLIGADO/A, INTIMIDADO/A, CON MIEDO A NEGARTE, O AMENAZADO/A, ENTONCES NO FUE UN ACTO CONSENSUADO. FUE ABUSO

Ahora quiero darte una esperanza: Si la tentación de dominar a alguien es un problema para ti, acude al Señor y pídele que transforme tu duro corazón antes de que hayas ido demasiado lejos. El Señor siempre restaura un corazón sincero y humillado (Salmo 34:28-19, Santiago 4:6, 1 Pedro 1:5). Y por favor, busca ayuda profesional. ¡Te urge!

La verdad para la víctima

He dejado este capítulo para el final porque quiero que las víctimas y sobrevivientes de abuso sepan que *no están pecando*, sino que están siendo maltratadas. Y que *no necesitan pedir perdón*, sino que necesitan ser restauradas.

1) ENTIENDE QUE NO ES TU CULPA

Muy probablemente el agresor haya tratado de hacerte creer que fue un acto consensuado, que siempre estuviste de acuerdo, que lo que hiciste o lo que permitiste que te hiciera fue por voluntad propia. Esto es una mentira. Si te sentías obligado/a, intimidado/a, con miedo a negarte, o amenazado/a, entonces no fue un acto consensuado. Fue abuso. Y si el agresor era varios años mayor que tú, o tenía un rango de autoridad más alto, aunque pareciera un acto consensuado también fue abuso.

Por la manipulación emocional que sufren, muchas veces las personas que son víctimas de abuso sienten que fueron ellas las que lo provocaron, o que sucedió porque fueron desprevenidas o imprudentes. La culpa y la vergüenza son rasgos comunes entre los afectados. Pero debemos entender que la víctima de abuso nunca es culpable. Es una persona que ha sido atacada y que necesita ayuda. No importa tu actitud, tu hermosura, tu vestimenta, o la hora de la noche en la que saliste. Ni siquiera importa si estabas bajo los efectos de alcohol o de drogas por decisión propia. Una persona que decide embriagarse, drogarse, o vestir ropa indecorosa, tiene otros temas que necesitan ser abordados, pero nunca se le debe insinuar que fue su imprudencia lo que provocó el abuso. El pecado del abuso está en el agresor, jamás en la víctima. NADA JUSTIFICA EL ABUSO.

Déjame repetirlo una vez más: Nada de lo que tú hagas o digas puede ser la causa del abuso. El abuso es un pecado que está en el agresor, no en la víctima. Y por favor, entiende que el Señor no está enojado contigo, ni te va a desechar. Dios no te acusa de fornicación ni de adulterio. No te acusa de nada, incluso si perdiste tu virginidad por el abuso. El abuso emocional y la agresión sexual son muy graves a los ojos del Señor. ¡Dios está furioso con el agresor! Contigo no está enojado. Por el contrario, Él quiere abrazarte, consolarte, restaurarte, sanarte, y darte libertad.

2) PIDE AYUDA DIVINA

"Él me da nueva vida. Me lleva por buenos caminos para mostrarme lo bondadoso que es".

Salmos 23:3 (PDT)

NADA DE LO QUE TÚ HAGAS O DIGAS PUEDE SER LA CAUSA DEL ABUSO. EL ABUSO ES UN PECADO QUE ESTÁ EN EL AGRESOR, NO EN LA VÍCTIMA

La palabra hebrea que se traduce aquí como "me da nueva vida" es שוב *shub*, que también se traduce como "renovar", y significa volver al estado original. Esto quiere decir que Dios, en su infinito amor, quiere sanarte y volver a hacer nuevas todas las áreas de tu vida.

Cada persona es diferente y cada historia es única. Por eso, esta renovación es instantánea en algunas personas, y en otras lleva tiempo. ¡Pero ten la certeza de que el Señor tiene un nuevo camino para tu vida!

"«El Espíritu del Señor está sobre mí, porque me ha ungido para dar buenas noticias a los <u>pobres</u>. Me ha enviado para anunciar libertad a los <u>presos</u> y dar vista a los <u>ciegos</u>, para poner en libertad a los oprimidos, para anunciar el año en que el Señor nos dará su favor»".

Lucas 4:18-19 (Énfasis del autor)

Algunas víctimas y sobrevivientes de abuso son como estos pobres, presos y ciegos. Se sienten que no valen nada, se sienten atrapadas por el abusador (o por los recuerdos del abuso), y no logran ver más allá de su dolor. Si este es tu caso, ¡Jesús tiene buenas noticias! ¡Él quiere renovarte y hacerte libre!

3) PIDE AYUDA HUMANA

Muy pocas personas superan esto solas. No es imposible, pero es un escenario poco común, porque en general se necesita una comunidad para romper el patrón de aislamiento del agresor.

En la Biblia, en 2 Samuel 13, hay un relato de una chica que fue violada, Tamar. Algo que me entristece mucho es que ella nunca lo superó y pasó su vida desolada. ¡No te quedes sin sanar! Si ves que no sales adelante, no cargues con esto tú sólo/a. Habla con alguien (tu madre o tu padre, o un mentor, o un líder de confianza) y juntos consideren ir al médico, o a un psicólogo/psiquiatra, o a un consejero bíblico capacitado en abuso. ¡Es importante contar con alguien que te dé herramientas efectivas para sanarte emocional y espiritualmente!

Ten en cuenta también que muchos adultos no saben qué hacer cuando alguien les revela que ha sido o está siendo víctima de abuso sexual. A veces se asustan de las posibles consecuencias porque el agresor es alguien muy cercano, o se niegan a creerlo porque también fueron manipuladas por el agresor y piensan que es "una buena persona". Otras veces se apresuran a decir cosas como: "Bueno, ya pasó…", "Ya no llores ni te sientas triste, solo sigue adelante", "¿Cómo se te ocurre que esa persona haría algo así?", "Dios quiere que perdones y le des otra oportunidad", "De seguro tú tienes parte de la culpa… ¿Qué ropa llevabas puesta?", o "¿Por qué no gritaste en el momento para pedir ayuda, o por qué no dijiste algo antes?". ¡Todas estas respuestas son incorrectas! Si el adulto con quien hablas tiene estas actitudes, ¡búscate otro adulto que sí te ayude!

La verdad para la comunidad

"Ayúdense unos a otros a llevar sus cargas y así estarán obedeciendo la ley de Cristo".

Gálatas 6:2

Beri Gómez dice: *"se necesita una aldea para criar a un niño; la comunidad en torno al niño puede protegerlo del abuso"*[57]. Esa protección comienza cuando distinguimos que el pecado está en el agresor, no en la víctima. Luego, este verso deja bien claro que Dios nos manda a que hagamos algo para que la víctima no cargue con ese problema de manera solitaria. Así que, no pongas la excusa de "no quiero comprarme problemas ajenos" simplemente porque tú no saliste afectado directamente. Cuando te enteras de algo como esto, es tu responsabilidad ayudar.

En la historia de Tamar, su padre se molestó mucho pero se quedó cruzado de brazos. Su hermano le dio asilo, pero luego hizo su propia justicia y mató al agresor. ¡Estas no son formas de ayudar a la víctima!

Si alguien te revela su secreto, aquí hay algunos pasos prácticos para ayudarle y protegerle:

1) ACEPTA

Cree lo que te dice la víctima. No digas: "¿Cómo? ¡Esa persona nunca sería capaz de algo semejante!". No la regañes (¡Claro, con esa ropa que usas…!"). Permite que fluyan los sentimientos de dolor: si quiere llorar, o si siente rabia, incluso con Dios, dale libertad para lamentarse. El lamento es bíblico, es bueno, y es parte del proceso de sanidad.

2) CONSUELA

Una víctima de abuso necesita mucha empatía, consuelo y confirmación de que no es culpable. Necesita escuchar que sigue siendo una persona digna de ser amada, y que no va a ser desechada ni por Dios ni por las personas que la rodean. Y no solo lo necesita en ese momento, sino por todo el tiempo que dure su recuperación.

¿Cómo luce el consuelo en forma práctica?

-Palabras de afirmación

-Abrazos

-Escuchar sin juzgar

-Orar... solo si te lo pide o lo acepta. A veces las víctimas perciben la oración como un regaño encubierto, o se sienten demasiado sucias como para involucrar a Dios, o están enojadas con Él. De todos modos, no dejes de orar por ellos en silencio, o cuando estés solo.

-Separar: Si puedes, ayuda a poner distancia entre el sobreviviente y el agresor. Invítale a hospedarse en tu casa, o ayuda a que no tenga que volver al lugar donde pudiera verlo. Esto es importantísimo, sobre todo si la vida del afectado corre peligro.

3) NO HAGAS PREGUNTAS

Permite que la persona te cuente hasta donde pueda. Abstente de hacerle preguntas imprudentes o insensibles. Evita hacer sentir mal a la persona haciéndole revivir los hechos. Y evita jugar a que eres investigador médico o policiaco, porque no lo eres.

4) SÉ DISCRETO

La víctima no quiere que todo el mundo sepa lo que sucedió. Al menos no al principio. Así que no se lo cuentes a alguien "muy en confianza", quien seguramente se lo contará a alguien "muy en confianza", quien seguramente se lo contará a otro "muy en confianza"… Lamentablemente, muchas veces pasa que al rato todos saben, pero nadie ha hecho nada para ayudar.

No traiciones la confianza que te tuvieron. Si consideras urgente que alguna persona en particular se entere (por ejemplo, porque puede ayudar), haz lo posible por convencer a la víctima para que le cuente. No divulgues nada ni denuncies nada sin el consentimiento del afectado. Solo le harás sentir humillado/a y arrepentido/a de habértelo contado.

5) DENUNCIA

Ayuda a la víctima a hablar con la autoridad directa del agresor (su jefe, su pastor, su madre), y después hagan una denuncia formal ante la ley. Esto es importante por dos razones: 1) para detener el abuso, y 2) para que el afectado vea que se busca justicia para su sufrimiento. Ambas cosas son parte necesaria de su proceso de sanidad, y son nuestro llamado como hijos de Dios:

> *"…al desvalido y al oprimido háganles justicia".*
>
> Salmo 82:3b

> *"¡Alza la voz por aquellos que no pueden alzarla por sí mismos, defiende a los indefensos! ¡Alza la voz por los pobres y necesitados y procura que se les haga justicia!".*
>
> Proverbios 31:8-9

Observa cómo el Señor nos llama a pararnos en la brecha por los afectados. Dios no quiere que se deje impune el pecado. Su prioridad es que se haga justicia a la víctima.

Y por favor, no seamos mojigatos. No obliguemos a la víctima a perdonar antes de ayudarle. En este caso, la prioridad es ayudar. No seamos rápidos en exigir que la víctima perdone. Seamos rápidos en mostrarle compasión y en ayudarla. Además, aunque el perdón es una decisión, también es un proceso emocional que lleva tiempo. Por eso, necesitamos entender que aunque haya perdón no siempre es posible (o sabio) buscar la reconciliación.

Otra cosa importante que quiero aclarar aquí es que la víctima de abuso puede decidir perdonar al agresor y también denunciarlo ante la ley. Una cosa no impide la otra. El perdón y la justicia no se oponen. De hecho, ambos son atributos de Dios.

DIOS DETESTA EL ABUSO Y QUIERE QUE HAGAMOS ALGO AL RESPECTO

6) TEN PACIENCIA

El proceso de restauración puede llegar a ser largo y doloroso. A veces la persona se reanima pronto pero le quedan secuelas, algunas muy graves.

No critiques, no condenes. Ama como Cristo. Sé un instrumento de Dios en la restauración de esa persona y ten paciencia mientras dure el proceso.

La verdad acerca de Dios

Con los versículos de las últimas páginas ha quedado bien claro que Dios detesta el abuso y quiere que hagamos algo al respecto, pero quiero compartirte dos textos más...

"¿Cómo son las personas despreciables y perversas?

Nunca dejan de mentir; demuestran su engaño al guiñar con los ojos, al dar golpes suaves con los pies o hacer gestos con los dedos. Sus corazones pervertidos traman el mal, y andan siempre provocando problemas. Sin embargo, serán destruidos de repente, quebrantados en un instante y sin la menor esperanza de recuperarse. Hay seis cosas que el Señor odia, no, son siete las que detesta: los ojos arrogantes, la lengua mentirosa, las manos que matan al inocente, el corazón que trama el mal, los pies que corren a hacer lo malo, el testigo falso que respira mentiras y el que siembra discordia en una familia".

Proverbios 6:12-19 (NTV)

DIOS NO ES INSENSIBLE AL ABUSO Y ÉL SIEMPRE ESTÁ DEL LADO DE LOS OPRIMIDOS

En el contexto, estos versículos hablan de una persona depravada, de un hombre de Belial[58], y pueden describir a un abusador. Son pecados típicos del agresor sexual del círculo cercano. Y Dios <u>los detesta</u>. Dios no es insensible al abuso. Y Él siempre está del lado de los oprimidos.

"Y cualquiera que haga tropezar a alguno de estos pequeños que creen en mí, mejor le fuera que se le colgase al cuello una piedra de molino de asno, y que se le hundiese en lo profundo del mar".

Mateo 18:6 (RVR60)

¡El Señor Jesús no muestra empatía por el agresor, sino por la víctima! En griego, "hacer tropezar" significa "hacer que la presa caiga en la trampa", y esa es una característica constante en el abusador: es un depredador, un lobo con piel de oveja, un farsante que a veces, incluso, finge ser un discípulo de Cristo.

La palabra "pequeños" que se usa aquí significa "alguien de menor rango, edad o autoridad", como por ejemplo, un menor de edad, una persona discapacitada, un marginado, un discípulo, un alumno, o un empleado. También puede referirse a un hijo, primo, sobrino, o nieto, respecto a un familiar mayor. En general, esta palabra define a una persona vulnerable. ¡Y recuerda que los abusadores siempre buscan a alguien vulnerable! (Observa también que Jesús tiene una postura muy firme respecto al abuso... una postura que involucra una piedra de molino).

Por último, no puedo terminar este capítulo sin mencionar que el mito del "acto consensuado" ha sido la excusa que ha encubierto mucho del abuso sexual que se da en la familia y en la iglesia. Es triste pero es así. Y a nosotros nos toca hacer algo para cambiar esa realidad.

Quiero decirte también que oro por ti...

Es mi oración que nunca tengas que vivir esto.

Es mi oración que si lo viviste, puedas ser libre.

Es mi oración que en algún momento hagas las paces con el Señor y con su Iglesia.

Es mi oración que seas parte de una comunidad que no caiga en este mito, y en la que todos aprendan a vivir en integridad sexual y a cuidarse unos a otros.

Es mi oración que seas parte de una iglesia que entrene bien a sus ovejas, y que se ponga de pie en contra de los lobos.

Es mi oración que puedas sanar lo que necesite ser sanado, y que a partir de hoy, siendo restaurado/a por Dios, y con todo lo que has leído en este libro, puedas vivir tu sexualidad conforme al diseño del Señor.

PALABRAS FINALES

¡Qué viaje hemos tenido a través de todos estos mitos! Tal vez reíste en algunas páginas, y lloraste en otras, ¿verdad? Es que definitivamente el sexo es un tema sensible, que mueve muchas emociones…

Para terminar, quisiera dejarte con algunos conceptos importantes sobre los que creo que vale la pena que sigas reflexionando aun luego de que cierres este libro.

Una cosa que debes saber es que si naciste a partir de 1997, perteneces a la llamada "generación Z". Como diseñadora y mercadóloga, quiero contarte que todas las industrias (la de la moda, la del entretenimiento, y todas las demás también), desarrollan productos al gusto de cada nueva generación. Algunos productos son tangibles (los puedes tocar), y otros son intangibles (como una clase de canto, o los mensajes de los medios de comunicación y las redes sociales). Los productos se diseñan para que se adopten y se compren. Esto en un sentido es algo bueno, porque así surgen productos como un smartphone más funcional, unos jeans más cómodos, una master class sobre un tema que te interesa, o un mensaje relevante en contra del racismo. Pero en otro sentido puede ser algo malo, cuando empresas sin ética deciden crear productos y mensajes que pervierten tu concepto sobre la sexualidad. ¡No creas que a la gente de repente se le ocurrió que está bien que la Iglesia acepte la ideología de género, o que la fornicación ya no es pecado, o que seguir en TikTok a las estrellas de pornhub no afecta la vida espiritual! Estos "productos" han sido diseñados y lanzados para que las personas, aun los cristianos, los vayan adoptando poco a poco, sin darse cuenta. ¡Por eso debes estar alerta! Nunca antes en la historia una generación había recibido un bombardeo tan intenso y creciente de mensajes cada vez más distorsionados acerca de la sexualidad. ¡Tú perteneces a una hermosa generación que está en la mira de organizaciones engañosas con intereses perversos! Es mi sincero anhelo que el mensaje de este libro pueda contrarrestar las mentiras que has escuchado durante años. ¡Espero que luego de leer estas páginas decidas descartar los mitos y abrazar las verdades de Dios respecto al sexo!

Otra cosa que quiero recordarte es esta: la soltería no es una maldición ni una enfermedad que requiere solución. No estás incompleto si estás soltero. No estás incompleta si estás soltera. Y el matrimonio y el sexo no son la meta máxima en la vida. Soltería y matrimonio, ambas pueden ser bendiciones del Señor. No conviertas en un ídolo a ninguna de ellas. El Señor llama a casados y solteros por igual, y la Biblia está llena de solteros que tenían una vida completa. ¿Por qué era completa? ¡Porque vivían para Cristo!

Sé que tal vez estés pensando: "¿Y qué hay de las tentaciones?" Pues sí, sufrirás tentaciones. Los solteros tienen muchas tentaciones sexuales. Pero, ¿qué crees? ¡Los casados también! Así que respira hondo y fortalécete en la Escritura y la oración. Las tentaciones son algo que nos acompañará constantemente en nuestro peregrinar por esta tierra, pero el Señor estará a tu lado y te ayudará siempre. Además, la integridad sexual es algo

que se construye durante toda la vida, independientemente
de tu estado civil. Por eso, quiero invitarte a que mires a tu
alrededor. No eres a la única persona a la que le sucede esto.
¡Todos somos tentados! Todos tenemos luchas, o sufrimos
al ceder ante el pecado que estamos tratando de vencer. El
enemigo quiere avergonzarte haciéndote creer que solo a ti
te pasa. Espero que lo que hayas aprendido en este libro te
anime a hablar acerca de la sexualidad de forma más abierta,
sensible y prudente, para crear un diálogo que edifique a quienes
tengas alrededor. Si construyes una comunidad más honesta
y transparente, te darás cuenta de
que todos podemos animarnos a
la fe, ¡porque todos estamos en
medio de luchas parecidas! Y si en
algún momento el matrimonio toca
a tu puerta, espero que al leer estas
páginas hayas descartado los mitos
que han hecho infelices a tantas
parejas, y puedas así construir mejor la integridad sexual de esa
nueva etapa.

A PARTIR DE ESTE MOMENTO, ¡ANÍMATE A VIVIR TU SEXUALIDAD CONFORME AL DISEÑO DE DIOS!

Finalmente, quiero animarte una vez más: ¡Eres parte de una
nueva generación! No tienes por qué repetir los errores de tu
pasado, ni conservar los mitos y pecados de las generaciones
anteriores. ¡A partir de este momento, anímate a vivir tu
sexualidad conforme al diseño de Dios! Esta es la mejor decisión
que puedes tomar, y ahora tienes las herramientas necesarias
para lograrlo. Tú puedes hacer las cosas diferente. ¡Tú puedes
ser la generación que toma decisiones más sabias, y que vive
libre basada en la verdad y no en los mitos!

BIBLIOGRAFÍA

1 *Age of opportunity*. Paul David Tripp, P&R Publishing, 1997, 2001. Capítulo 9.

2 Todas las palabras en hebreo y griego fueron consultadas del Diccionario Strong y del Diccionario Vine.

3 *Rethinking sexuality*. Juli Slattery, Ed. Multnomah, 2018. Capítulo 4.

4 *Cómo criar a los varones*. Dr. James Dobson, Ed. Unilit, 2002. Capítulo 2.

5 *Sexo y la supremacía de Cristo*. John Piper, Ed. CLC, 2013. Capítulo 2.

6 *Rethinking sexuality*. Juli Slattery, Ed. Multnomah, 2018. Capítulo 1

7 *The Bare Facts*. Josh McDowell y Erin Davis, Ed. Moody Publishers, 2011. Capítulo 2.

8 *God Loves Sex*. Dan B. Allender/Tremper Longman III, Ed. Baker Books, 2014. Capítulo 1.

9 *Idem* Capítulo 4.

10 *The Bible, Sex and You*. Dr. Roy B. Blizzard, Bible Scholars, Inc, 2013. Capítulos 4/12.

11 Comentario bíblico de John Gill, recuperado de https://biblehub.com/commentaries/gill/ecclesiastes/10.htm

12 *Manual de los temperamentos*. Tim Lahaye, Ed. Unilit, 1987. Capítulo 3.

13 *True Love Dates*. Debra Fileta, Ed. Zondervan, 2013. Capítulo 8.

14 *Ready or Knot*. Scott Kerdersha, Ed. Baker Books, 2019. Capítulo 7.

15 *The Mystery of Marriage* (20th anniversary). Mike Mason, Ed. Multnomah, 2005. Capítulo 5.

16 *Technical Virgin, How far is too far?* Hayley DiMarco, Ed. Revell, 2006. Capítulo 7.

17 *The Bare Facts*. Josh McDowell y Erin Davis, Ed. Moody

Publishers, 2011. Capítulo 28.

18 Diccionario expositivo completo de Vine - Amar (versión digital).

19 *25 preguntas que temes que hacer acerca del amor, el sexo y la intimidad.* Dr. Juli Slattery, Ed. Unilit, 2017. Capítulo 7.

20 *Hot, Holy and Humorous.* J. Parker, Broad Street Publishing, 2016. Capítulo 13. Y https://hotholyhumorous.com/2017/08/07/a-letter-to-the-low-drive-husband/

21 *La guía de Enfoque a la Familia para hablar con sus hijos acerca de sexo.* J. Thomas Fitch y David Davis, Ed. Revell, 2005. Capítulo 6.

22 *Es bueno o es malo. (Décima edición).* Josh McDowell y Bob Hostetler, Ed. Mundo Hispano, 2013. Capítulo 10.

23 *Es bueno o es malo. (Décima edición).* Josh McDowell y Bob Hostetler, Ed. Mundo Hispano, 2013. Capítulo 10.

24 *True Love Dates.* Debra Fileta, Ed. Zondervan, 2013. Capítulo 8.

25 *Ready or Knot.* Scott Kerdersha, Ed. Baker Books, 2017. Capítulo 8.

26 *True Love Dates.* Debra Fileta, Ed. Zondervan, 2013. Capítulo 8.

27 *True Love Dates.* Debra Fileta, Ed. Zondervan, 2013. Capítulo 8.

28 *Idem.*

29 *Swipe Right.* Levi Lusko, Ed.W. Publishing, 2017. Capítulo 9.

30 *The Bare Facts.* Josh MacDowell y Erin Davis, Ed. Moody Publishers, 2011. Capítulo 11.

31 *God Loves Sex.* Dan B. Allender/Tremper Longman III, Ed. Baker Books, 2014. Capítulo 1.

32 "Le dije adiós a las citas" (*I Kissed Dating Goodbye*), Joshua Harris.

33 *Technical Virgin, How far is too far?*, Hayley DiMarco, Ed. Revell. Capítulos 1 y 2.

34 *¿Puedo conocer la voluntad de Dios?* R. C. Sproul, Ligonier Ministries, 1999. Capítulo 4.

35 Henry Cloud, John Townsend. Los límites en el noviazgo. Capítulo 1. Editorial vida

36 Josh McDowell, seminarios y https://www.josh.org/?s=porn

37 *Cómo criar a las hijas.* Dr. James Dobson, Ed. Tyndale, 2010. Capítulo 21.

38 https://fightthenewdrug.org y *Cómo criar a los varones*, Dr. James Dobson, Ed. Unilit, 2002. Capítulo 14.

39 More than just the talk. Johnatan Mckee. Edit. Bethany House Publishers, 2015. Capítulo 9

40 Swipe right. Levi Lusko. Editorial W Publishing, 2017. Capítulo 7

41 https://es.brainheartworld.org/ver/el-mundo/

42 Cómo criar a los varones. Dr James Dobson. Editorial Unilit. 2002. Capítulo 14

43 *The Bare Facts.* Josh McDowell y Erin Davis, Ed. Moody Publishers, 2011. Capítulo 37.

44 Brian Goins. https://www.authenticintimacy.com/ Podcast

45 https://www.authenticintimacy.com/ conference

46 https://es.brainheartworld.org/ver/el-cerebro/

47 True purity. Hayley and Michael DiMarco. Edit. Revell, 2013. Caps. 1 y 3.

48 Seriously?! Bob Beeman. Editorial Createspace Independent Publishing Platform, 2015. Capítulo 2

49 Real Academia de la Lengua española.

50 Abuso infantil. Beri Gómez. Editorial E625. Capítulo 5

51 La mayoría de las características del perfil están tomadas de:
 https://tolovehonorandvacuum.com/2019/11/recognizing-9-signs-grooming-sexual-abuse/

Pero también de:
https://www.jenniferdegler.com/free-resources-tip-sheets/
https://podcasts.apple.com/mx/podcast/tip-talk-with-dr-jennifer-degler/id813987455?i=1000434411760

Y libros como:
Mending the soul, Steven R. Tracy,
Predators, Anna C. Salter,
Redeeming Power, Diane Landberg
Guide to talking with your kids about sex, Focus on the family

De la asesoría directa que tuve con el ministerio Grace (https://www.netgrace.org/common-questions)
y de mi propia experiencia con dos familiares muy cercanos.

52 Abuso infantil. Beri Gómez. Editorial e625. Capítulo 9

53 Cómo criar a las hijas. Dr. James Dobson. Editorial Tyndale. Capítulo 21

54 Redeeming power. Diane Langberg. Capítulo 1 Edit. Brazos Press

55 https://cryingoutforjustice.blog/what-if-the-abuser-is-repentant/

56 Recuperado de https://www.kevinathompson.com/what-a-drunk-girl-deserves/

57 Abuso infantil. Beri Gómez. Editorial e625. Capítulo 9

58 Recuperado de https://biblehub.com/commentaries/barnes/proverbs/6.htm

NOTAS

NOTAS

DESCUBRE EL NUEVO SITIO DEL INSTITUTO E625

Y lleva tu ministerio al siguiente nivel.

www.InstitutoE625.com

Escanea el código para ver más

Suscripción de
materiales premium
para iglesias

Recursos gratis

Tienda con envíos internacionales

Chat en tiempo real

Revista Líder 6.25

Educación online
www.institutoe625.com

Libros Online

Seminarios para iglesias locales

Eventos de **actualización** ministerial

e625.com
TE AYUDA
TODO EL AÑO